Harald Volkmar Schliede

Opa Willy

1891 Dresden – 1958 Miltenberg

Von einem, der aufsteigen wollte

Eine sächsisch-deutsche Lebensgeschichte in Frieden und Krieg

Opa Willy

1891 Dresden – 1958 Miltenberg

Von einem, der aufsteigen wollte

Eine sächsisch-deutsche Lebensgeschichte in
Frieden und Krieg

Harald Volkmar Schlieder

2012

Carola Hartmann Miles-Verlag Berlin

CIP-Kurztitelaufnahme der Deutschen Nationalbibliothek: Harald Volkmar Schlieder, Opa Willy. 1891 Dresden – 1958 Miltenberg. Von einem, der aufsteigen wollte. Eine sächsisch-deutsche Lebensgeschichte in Frieden und Krieg.

Herstellung und Verlag: Books on Demand GmbH, Norderstedt

© Carola Hartmann Miles-Verlag,
(www.miles-verlag.jimdo.com; email: UHWHartmann@aol.com)

Alle Rechte, insbesondere das Recht der Vervielfältigung und Verbreitung sowie der Übersetzung, vorbehalten. Kein Teil des Werkes darf in irgendeiner Form (durch Fotokopie, Mikrofilm oder ein anderes Verfahren) ohne schriftliche Genehmigung des Verlages reproduziert oder unter Verwendung elektronischer Systeme gespeichert, verarbeitet, vervielfältigt oder verbreitet werden.

Printed in Germany

ISBN 978-3-937885-53-7

Inhalt

Seite

1. Kindheit in Dresden-Cotta 1891 – 1906   7

2. Lehrjahre sind keine Herrenjahre 1906 – 1910   27

3. Militärdienst in der königlich-sächsischen Armee und bei der Deutschen Militärmission in Konstantinopel 1910 – 1913   37

4. Arbeit in der Zigarettenindustrie 1913 – 1917   73

5. Ehemann und Vater, dabei immer wieder Zigaretten 1917 – 1937   87

6. Mitläufer bei der NSDAP 1937 – 1945   128

7. Hungerjahre in Dresden und Miltenberg 1945 – 1946   137

8. Es geht langsam wieder aufwärts 1947 – 1956   142

9. Die letzte Zeit als Rentner 1957 – 1958   158

10. Epilog: Ein halbes Jahrhundert später   161

Meinem Großvater,
Richard Willy Schlieder,
gewidmet.

Geschrieben
für seine Urenkel,
Barbara und Sylvia

sowie für alle, die wissen wollen,
wie schwer es unsere Vorfahren hatten.

1. Kindheit in Dresden-Cotta
1891 – 1906

„Nu, Muddel, nu werd'ch wohl mal die Hebamme holen; so lange wirsde mer wohl ward'n; die Frau Barthel wohnt ja glei' um die Egge in der Hebbelschdrase, die weeß ja, dass se die Dage wird gomm' miss'n ..."

„Ich gloobe schon Paul, aber mach' schnelle, die Gleen'n, die Dora und der Hans, wer'n mer nich groß helf'n gänn'...!"

Es war am Dienstag, dem 29. Dezember 1891, einem kalten Winterabend in Cotta bei Dresden; die wenigen Gaslaternen in der Steinstraße spendeten ihr gelbliches Licht, so dass sich die Schneeflocken, die immer dichter umher tanzten, deutlich vom grauschwarzen Himmel über dem Arbeiterviertel abhoben.

Ernst Paul Schlieder, seines Zeichens Bahnarbeiter bei der sächsischen Staatsbahn in Dresden-Cotta, stieg, so schnell er konnte, die Treppen aus dem dritten Stock in seinem „Würfelhaus", einem der für Cotta typischen Wohngebäude der Arbeiterstadt, herab; dann überquerte er hastig die Steinstraße und bog in die Hebbelstraße ein, eine warme, gestrickte Mütze auf dem Kopf, den grobmaschig gestrickten, aber warmen, grauen Schal um den Hals, den ihm seine Mutter vor wenigen Tagen zu Weihnachten geschenkt hatte und eingehüllt in seinen langen, schweren Wintermantel. Gleich neben der nahe gelegenen Kleingartenanlage *Idyll* in der Hebbelstraße wohnte die Hebamme mit ihrem Mann, dem Pferdebahnkutscher Moritz Barthel, den Ernst Paul vor Kurzem, als er seinen wöchentlichen Humpen Dünnbier im Gasthaus *Zur Schanze* holte, kennen gelernt hatte. So waren sie ins Gespräch gekommen und Moritz, der Pferdebahnkutscher, ein gemütlicher und gutmütiger Endvierziger, hatte Ernst Paul gesagt, dass er jederzeit kommen könne, wenn es so weit sei: „Es is ja ni weit, von der Steinstraße hier her; bequemer wäre es nadierlich, wenn mer eens von diesen neuen Abbaraden hädd'n, Delephon nänn' se das, hab'ch gehörd, awer bis unsereener sowas goofn gann, wird's wohl noch e Weilchen dauern …"

Ernst Paul betätigte die gusseiserne Glocke am Eingang zu Barthels „Würfelhaus". Neben der Glocke hing ein schwer lesbares Schild, denn es war doch schon recht dunkel und die nächste Gaslaterne war gut 100 Meter entfernt: „Franziska Barthel, königlich-sächsische Hebamme", war da zu lesen, nachdem Ernst Paul sein Feuerzeug angeschlagen hatte, um die Schrift zu entziffern.

„Wär is' n da?", rief da eine männliche Stimme; ohne Zweifel Moritz, der Pferdebahnkutscher, der Mann der Hebamme.

„Nu ich, der Ernst Paul, ich gloob es is so weit, ob deine Frau wohl zu uns gomm' gennte?"

„Ei verbibch, die is ni da, musste vor ner halm Stunde in die Cossebauder Straße, da gommt die Frau vom Bader nieder. Aber weeste was, meine Schwester, die Minna, is grade über Neujahr bei uns, die gennt sich mit so Weibersach'n aus, die schick'ch dir mit."

„Nu wenn de meenst …", gab Ernst Paul zurück und rieb sich mit einem mulmigen Gefühl in der Magengegend die Finger; doch da kam auch schon Minna, die Schwester, in ein großes, dunkles Dreieckstuch gehüllt, eine Haube auf dem Kopf und einem rosigen, freundlichen Gesicht. „Ich bin die Minna; da woll'n mer mal gugg'n, was'ch machen gann …" Und so eilten sie von dannen, die Hebbelstraße hinauf und hinein in die Steinstraße, nur von einer einsamen Pferdebahn überholt, die von zwei stämmigen Rössern gezogen wurde, die just, als sie die beiden überholten, wie auf Kommando anfingen zu äppeln.

„Das wird Glück bring'n", meinte da Ernst Paul und schon waren sie zu Hause angekommen. Die Hausnummer 23, ein weiteres allein stehendes „Würfelhaus" schräg gegenüber der Hebbelstraße, war schon von Weitem gut zu erkennen, denn am Eingang spendete eine kugelrunde Gasleuchte ihr gelbliches Licht.

„Schnell hoch, die Treppen, mir wohn' im dritten Stock …" meinte Ernst Paul und schob Minna resolut in den Eingang, doch die hatte schon die Röcke gerafft und war zielstrebig an Ernst Paul vorbei die hölzerne Treppe hoch gehuscht.

Die Tür zur Wohnung stand weit offen, im Eingang drückten sich zwei Kinder, ein etwa vierjähriges Mädchen und ein kleiner Junge, nicht älter als zwei Jahre – Dora und Hans –, die ihrem Vater entgegen rannten und heulten: „Die Mama …"

„Nu, was is'n, ihr Gleen'n, warum bleegd er'n? Mer gomm' ja schon", sagte da Ernst Paul und strich den Kleinen beruhigend über den Schopf; derweil fackelte Minna nicht lange und rannte an Ernst Paul und den Kindern vorbei, schnurstracks ins Schlafzimmer, denn wo sonst sollte Bertha liegen.

Von da kam auch schon ein dünnes Geschrei und ein Stöhnen: Bertha Franziska war tatsächlich während der kurzen Abwesenheit ihres Mannes niedergekommen und hatte einen Knaben geboren, der jetzt, blutig und verschmiert, samt Nabelschnur neben ihr lag.

„Schnell, bring mer ne Scheere, aber ne scharfe und dann machste mer Wasser, aber scheen heeß, ä baar warme Diecher und 'ne Wanne, die wirste schon finden! Später bringste mer noch ä saubres Bedlachn und was mer ähm so broochn …"

Solchermaßen präzise eingewiesen fügte sich Ernst Paul Minnas klaren Anweisungen und schaffte alles herbei, so schnell er nur konnte.

Minna aber waltete ihres durch die Umstände zugewiesenen Amtes und binnen Kurzem lag der Kleine, entnabelt und gewaschen, in Berthas Armen und auch die Bettstelle war wieder strahlend weiß.

„Nu des haste aber gut gemacht, Muddel", meinte nun Ernst Paul, „wie woll'n mer denn den Gleen nenn'?"

„Nu Paul, des haste woh vergässn, des hammer doch gestern Amd beschbrochn: Richard Willy heeßt der Gleene, damit mer mal aus den äw'chen Nam' in unsrer Familie rausgomm' …"

„Recht haste, Bertha. Nu hammer'n Richard Willy, aber nenn' wärch'n ‚Willy', des is eenfacher. Mer sin ja geene Großgobb'chen …"

Solchermaßen wurde denn Richard Willy Schlieder am 29. Dezember 1891 in Cotta bei Dresden in der Steinstraße Nr. 23

geboren; abends um 23 Uhr, als drittes Kind und in der Wohnung seiner Eltern, Ernst Paul Schlieder und Bertha Franziska Schlieder, geb. Kaden.

Minna, die Schwester des Ehemanns der Hebamme hatte schnell, freundlich und wie selbstverständlich geholfen – für Gottes Lohn, versteht sich.

Bei der Taufe, fünf Monate später, am 27. Mai 1892 in der evangelischen Heilandskirche zu Cotta, waren sie und ihr Bruder sowie die „richtige" Hebamme ebenso wie die Paten, der Maurer Ernst Bernhard und seine Ehefrau Wilhelmine, eingeladen. Beim anschließenden Kaffeetrinken in der *Schanze* gab es „*Muggefug*", das heißt Malzkaffee, und selbstgemachten Brombeersaft mit Leitungswasser; den Streuselkuchen und eine *Eierschecke* hatte Bertha Franziska selbst gebacken.

Die „Äbbel" der Pferdebahn aber, die die Pferde am Tag seiner Geburt auf der Straße hatten fallen lassen, hatte Ernst Paul nach den ersten Aufräumarbeiten im Schlafzimmer aufgekehrt und auf ein Beet seines nahe gelegenen Gärtchens in der Kleingartenanlage *Idyll* in der Hebbelstraße gebracht, denn erstens war das prächtiger Dünger und zweitens brachten Pferdeäpfel, noch dazu anlässlich der Geburt seines Sohnes, sicherlich Glück, und das konnten Ernst Paul, seine Ehefrau Bertha Franziska und ihre nunmehr drei Kinder, Dora, Hans und Willy, ganz bestimmt gut gebrauchen.

Dass der Kaiser des Deutschen Reichs seit nunmehr drei Jahren Wilhelm II. hieß, mit Auguste Viktoria verheiratet war, sich mitunter hin und wieder arbeiterfreundlich gab und in Berlin regierte, hatten Ernst Paul und Bertha Franziska gehört. In der *Schanze* wurde über solche entfernten Neuigkeiten durchaus hin und wieder gesprochen. Lieber aber sprach man über die sächsische Königsfamilie, über König Albert und seine immer noch schöne, vornehme, dabei mildtätige und in der Krankenpflege aktive Frau Carola von Schweden und ihre kinderlose Ehe; die Beiden sollten sogar sächsisch sprechen, wenn sie in ihrem Königreich waren, und das waren sie meistens, wie es hieß.

Man konnte das sogar sehen, denn immer wenn sie sich im Schloss befanden, wehte darauf die sächsische Fahne.

Ihr Schloss lag ja mitten in der Stadt und es war ein Juwel! Vom Zwinger aus konnte man es sehen und von der Frauenkirche, auch von der Kreuzkirche und natürlich vom Altmarkt, denn da gingen sie jedes Jahr im Advent zum Christkindlmarkt, um die vielen Buden und die Auslagen zu bestaunen.

Manchmal konnte man sogar die Majestäten sehen, wenn sie in ihrer prunkvollen Kutsche durch die Stadt fuhren oder in die Oper gingen. Das sollte die schönste Oper der Welt sein, hieß es – und die war in i h r e r Stadt, denn von Cotta nach Dresden war es nicht allzu weit zu Fuß; mit der Pferdebahn ging es noch schneller.

„Wenn'ch ma Geld habe, gehen mer da ooch hin", sagte Ernst Paul; den ‚Freischitz' wird'ch doch zu gerne ma säh'n …"

So lebten Ernst Paul und Bertha Franziska mit ihren drei Kindern die nächsten Jahre mehr schlecht als recht in ihrer nun immer beengteren Mietwohnung in der Steinstraße 23; dabei fühlte sich die Familie recht wohl, denn schließlich hatte Ernst Paul Arbeit –„gute Arbeit", wie er zu sagen pflegte –; denn er hatte seit ein paar Jahren eine Stelle bei der Reichsbahn, und das war fast schon eine Lebensversicherung, denn damit war er Beamter: anfangs Hilfsbahnwärter, später Bahnwärter. In Frauenstein, seinem Geburtsort im Erzgebirge, war er zwar, wie schon sein Vater, der Schuhmachermeister und Hausbesitzer Heinrich Moritz Schlieder, Schuhmacher gewesen, aber es gab immer weniger Menschen, die sich Schuhe machen lassen wollten und so war er kurz nach seiner Heirat nach Cotta gezogen, einer Arbeitervorstadt von Dresden, hart südlich der Stelle, wo die Weißeritz in die Elbe einmündet. Beim Bahnhof Cotta war er aufgrund seines guten Leumunds – und weil das Eisenbahnnetz in Sachsen zügig ausgebaut wurde – ohne Weiteres eingestellt worden.

Die Wohnungsmiete war trotz seines kärglichen Gehalts gerade noch bezahlbar, die Arbeitsstelle, der Hauptbahnhof, in 15 Minuten zu Fuß erreichbar und noch weit vor der Gründung der Schrebergarten-Kolonie an der Warthaer Straße war es ihm gelungen, ganz in der Nähe, in der Hebbelstraße, ein Gärtchen zu pachten: Das war Gold wert, denn seitdem bauten Ernst Paul und Bertha Franziska ihr eigenes Gemüse an; zudem konnten die Kinder sich hier austoben – das war sicherer als die drei mit ihren Spielgefährten am Ufer der Weißeritz spielen zu lassen …

Ein Großereignis für Cotta, ja für ganz Dresden, war denn auch die Verlegung des Flussbetts der Weißeritz kurz vor deren Mündung in die Elbe im Verlauf des Jahres 1893; eine Maßnahme, die durch den Ausbau des Eisenbahn-Schienennetzes im Großraum Dresden erforderlich geworden war. Natürlich nahm das Volk, Jung wie Alt, an dieser Pioniertat Anteil und so pilgerte man, wenn immer möglich, zu den diversen Großbaustellen um den Fortgang der Arbeiten zu bestaunen: eine öffentliche Anstrengung, die – zumindest zeitweise – einer ganzen Reihe arbeitsloser Menschen Lohn und Brot bescherte.

Auch ein behelfsmäßiges Kirchlein aus Holz stand den Einwohnern von Cotta zur Verfügung: seit 1895 als *Interimskirche* – ohne Glockenturm freilich – ebenfalls in der Hebbelstraße, keine drei Minuten zu Fuß von ihrer Wohnung in der Steinstraße entfernt.

1897 schied dann Cotta aus dem *Briesnitzer Kirchspiel* aus und bildete seine eigene Gemeinde, der es schon 1905 gelang, ihren eigenen Glockenturm zu bauen. Dreißig Jahre lang war diese *Interimskirche* das Zentrum des evangelischen kirchlichen Lebens in Cotta, bis dann die neue *Heilandskirche*, deren Bau schon 1914 begonnen hatte, 1927 eingeweiht werden konnte.

In dieser evangelisch geprägten Arbeiteridylle wuchs nun auch Willy auf – in seiner eigenen, kleinen Welt, die sich um den sonntäglichen Kirchgang, die großen christlich-evangelischen Feste Ostern, Pfingsten, den Reformationstag, das Erntedankfest, den Advent und Weihnachten drehte. Dazu kamen Taufe, Konfirmation, Hochzeit, Begräbnis, und da das Milieu seine Verwandtschaft und die diversen Bekanntschaften pflegte, fanden ständig irgendwelche religiös geprägten Familienfeiern statt, oder man nahm im Kreise der Familie und mit Freunden an den großen Kirchenfesten teil.

Dazu kam das Leben im Kleingarten, zumindest im Sommer; und bei schönem Wetter ging es, zumindest in den warmen Jahreszeiten, mit Sack und Pack, Kind und Kegel in den nahegelegenen Volkspark Leutewitz, hinunter zu den *Hungersteinen* im Flussbett der Elbe hinter dem Bahnhof, gegenüber der Weißeritzmündung oder gar ins *Große Ostragehege* zwischen Elbe und den alten Friedhöfen in der Friedrichstadt. Manchmal „alleene", oft mit Nachbarn und Bekannten, stets aber mit Gesang und Proviant! Früchte aller Art, Äpfel, Birnen, Pflaumen, Johannisbeeren, Erdbeeren und Tomaten, selbst Kürbisse wurden ja – Gott sei Dank – im eigenen Garten gezogen, und so war an Essbarem, auch bei solcherlei Ausflügen, nie wirklich Mangel.

Auf dem Nachhauseweg aus dem Gehege brachte Ernst Paul stets einen Stecken mit nach Hause, den er zunächst als Spazierstock benutzte und später in handliche Stücke zersägte. Das ergab gutes Holz zum Feuermachen in einem der beiden gusseisernen Kanonenöfen. Auch Hans und Willy beteiligten sich im Laufe der Zeit an diesem „Spazierstöckesammeln"; Mutter Bertha Franziska und Dora pflückten derweil Blumensträuße oder, kurz vor dem ersten Advent, einen „Windewisch". Aus dem wurde der Adventskranz gewunden.

Jeden Samstagabend wurde, wie eh und je, entweder vom fahrenden Bierverkäufer oder im Gasthof *Zur Schanze* ein Humpen „Eefachbier" erstanden und einen Schwatz gehalten; zu hohen Feiertagen konnte es sein, dass sich Ernst Paul auch ein echtes *Radeberger Pils* oder ein Freiberger *Schwarzes Bergbier* leistete. Wein gab es in diesen Anfangsjahren in Cotta nie, denn der war zu teuer, selbst der ohnehin „Saure" aus den guten Lagen bei Meißen oder den wenigen Weinbergen bei Radebeul.

Zu Ostern 1893 war die kleine Dora in die Volksschule gekommen; schon 1873 war die alte Schule erweitert worden und da auch das nicht für die ständig steigende Zahl der Arbeiterkinder reichte, hatte man sie 1880 mit einem zweiten Anbau und 1889 gar mit einem weiteren Schulgebäude und – der Gipfel der Modernität – sogar durch eine Turnhalle erweitert.

Zwei Jahre darauf folgte Hans als Erstklässler, und seitdem gingen die Beiden, mitunter Hand in Hand, gemeinsam zur Schule.

Da die Zahl der Kinder in der Arbeiterstadt aber unentwegt wuchs, blieb den Schulbehörden nichts weiter übrig, als 1897 eine zusätzliche Schule in der Hebbelstraße zu bauen. Wegen ihrer roten Backsteine bald die *Rote Schule* genannt.

Diese – später als 12. Bezirksschule bezeichnete Schule – sollte ab Ostern 1898 auch Willy besuchen, denn sie lag ja gleich um die Ecke. Das Schulamt indes entschied kurzfristig anders, und Willy wurde kurzerhand der *Rübezahlschule* in Alt-Cotta zugeteilt. So war sein Schulweg deutlich länger als der seiner größeren Geschwister.

Die Rübezahlschule in Dresden-Cotta

So ging denn Willy mit seinem ledernen Schulranzen, seiner Schiefertafel samt Schwämmchen, Lappen und Griffeln jeden Morgen, um ja nicht zu spät zu kommen, um 07.15 Uhr von zu Hause los in Richtung *Rübezahlschule*; im Schulhof traten die Schüler dann klassenweise – nach Geschlechtern getrennt – an und rückten zügig in Zweierreihen in die Klassenzimmer ein.

Anfangs wurden mehrere Klassen gemeinsam unterrichtet, später bekam jede Klasse ihren eigenen Raum und ihren Klassenlehrer. Willy war ein guter Schüler: diszipliniert, wissensdurstig, fleißig und hilfsbereit gegenüber seinen Mitschülern; im Lesen und Schreiben war er bald der Klassenprimus, wie es hieß, und schon bald zog ihn der Klassenlehrer, Gustav Hensel, dazu heran, mit weniger Begabten jeden Morgen vor Beginn der Stunde Lesen zu üben.

„Da genn' Se stolz auf Ihren Jungen sein, Herr Schlieder", meinte der Lehrer denn eines Tages anlässlich eines Schulsportfestes, „den ham' Se gut erzochen. Wenn der so weitermacht, wer'n Se den womöglich noch ins Gymnasium genn' schigg'n, wer wees …"

Und so las denn Willy alles was zu lesen war, alle alten Zeitungen, die er finden konnte, Märchen-, später Abenteuerbücher, die in der Schulbibliothek auszuleihen waren, und alle Anschläge und Bekanntmachungen an den Litfaß-Säulen und Anschlagtafeln.

„Heute hab'ch geläs'n, dass se die neue Straßenbahn einweih'n woll'n – und ganz groß woll'n se's feiern! Geh'n mer da ooch gugg'n?" rief der Junge denn eines Tages ganz aufgeregt, als er zu Hause ankam. „Nu glar, Willy, da wärmer hingeh'n; awer zuerst woll'n mer'n Vader frach'n …", gab Mutter Bertha Franziska zurück und drückte ihren „Gleen" an sich, obwohl Ernst Pauls Zustimmung zur Teilnahme der Familie an diesem Fest reine Formsache war. Ernst Paul würde gerne zu dieser Veranstaltung gehen, das wusste sie, denn die Eröffnung der Linie 1, mit der die Dresdner Straßenbahngesellschaft nun auch Cotta und Briesnitz an ihr Netz anschloss, war ein Ereignis, das alle Bürger schon lange herbeigesehnt hatten.

„Wo soll'n die Feier stattfind'n?" fragte Mutter Bertha Franziska nach und natürlich hatte Willy auch das schon herausgefunden: „An der Endschdadsion ham se geschrie'm, in der Warthaer Straße, Muddel, und räd'n woll'n se, der Bürgermeester wird gomm' und für 10 Pfänngge wird mer die ganze Schdrägge abfahr'n genn' , aber bis in die Altschdadt solld' mer schon fahr'n …". Willy war ganz aufgeregt bei dem Gedanken und so nahm die ganze Familie am 22. April des Jahres 1900 – bei typischem Aprilwetter: mal Regen, mal Sonne, doch bei frühlingshaften Temperaturen – an der denkwürdigen Einweihung der neuen Straßenbahnlinie, der „Eens", wie sie bald verkürzt hieß, teil.

Immerhin: 50 „Pfännge" kostete der Familie der Spaß, an diesem Fest teilzunehmen, doch Vater Ernst Paul hatte für solche Fälle ein Sonderkontingent.

„Spare in der Zeit, dann haste in der Not", war sein Motto, und dass es damit wohl seine Richtigkeit hatte, war ja nun wohl offensichtlich.

Und so herrschte denn in diesen Jahren Aufbruchsstimmung in der Stadt; ständig wurde irgendwo gebaut, der Verkehr nahm zu und zu Beginn des neuen Jahrhunderts hatte sich die Einwohnerzahl in Cotta innerhalb von 20 Jahren etwa versechsfacht. Rund 10.000 Einwohner mussten jetzt verwaltet werden: Mehrheitlich Arbeiter, einfache Beamte und Angestellte, aber auch „kleine" Selbstständige waren dabei; Besitzer von mechanischen Reparaturbetrieben, Schlosser, Sattler, Kolonialwarenhändler, Gastwirte und deren Personal, doch auch Straßenmusikanten und Bettler prägten das Stadtbild.

„Du Vadel, da woll'n se doch schon wieder ä großes Fest machen, wenn se's neue Radhaus einweih'n und das Hallenbad ooch, hab'ch geläs'n. Ob mer da wohl wär'n hingeh'n?"

„Nu glar, Willy, da wärmer für'n paar Groschen ä Bier griech'n und 'ne Brezel griechd ihr Dreie ooch. Die Mama dringd 'ne Limonade" legte Vater Ernst Paul fest und so war es denn auch.

Am 24. Januar 1901 war es soweit und das neue, prachtvolle Rathaus wurde eröffnet; es war ein kalter, schneereicher Tag, doch das tat der guten Laune der zahlreichen Besucher des Volksfestes aus diesem Anlass keinen Abbruch: Im Gegenteil, das Volk ergötzte sich am prachtvollen Anblick der Honoratioren im Zylinder mit ihren vornehmen Damen, die in Kutschen angefahren kamen und tat sich im übrigen an den Leckereien gütlich, die in den zahlreichen Buden und sonstigen Ständen angeboten wurden.

Keine Spur mehr von den Folgen des großen Hochwassers der Weißeritz vor nunmehr vier Jahren, dem u.a. auch das *Schusterhaus*, ein Ballhaus an der Weißeritzmündung, zum Opfer gefallen war. Gut, dass auf beiden Seiten der Elbe mehrere größere Überschwemmungsgebiete lagen, sonst wären die Schäden auf der Cotta'schen Seite, in Briesnitz und Friedrichstadt, noch weit größer gewesen. Wahrscheinlich wäre dann im letzten Jahr die Straßenbahnlinie auch nicht wie geplant eröffnet worden und die Einweihung des neuen Rathauses hätte wohl auch nicht stattgefunden, meinte Ernst Paul stolz und alle Mitglieder der Familie pflichteten ihm bei.

Überall herrschte Aufbruch, allerorten wurde gewerkelt und gebaut: schon wenig später, Anfang Mai desselben Jahres, wurde die Schwebebahn von Loschwitz nach Oberloschwitz eröffnet. Ein technisches Wunderwerk!

Der Rathausturm in Dresden-Cotta, davor eine Litfaßsäule

Nicht dass er dabei gewesen wäre, aber gehört hatte er davon, denn in den Zeitungen wurde das Ereignis gehörig gefeiert. Er mit seiner Familie würde sich eine Fahrt mit der Schwebebahn wohl in absehbarer Zeit nicht leisten können, aber dennoch: Die Schwebebahn war in Dresden, von sächsischen Ingenieuren erdacht und von sächsischen Facharbeitern erbaut! Und Dresden war auch seine Stadt, obwohl er in Cotta wohnte. Doch Dresden war die sächsische Hauptstadt, damit auch s e i n e Hauptstadt, und mit der neuen Straßenbahn war sie in nur 10 Minuten zu erreichen.

Natürlich gab es auch andere, gewichtigere Umstände, mit denen man als „gleener Beamter" weniger zufrieden sein konnte: das Dreiklassenwahlrecht beispielsweise, erst 1896 nach preußischem Vorbild von König Albert eingeführt, billigte den Wählern der 3. Klasse, die keine oder nur wenig Steuern bezahlten, zwar formell ebenfalls ein Stimmrecht zu, soweit man 24 Jahre alt war, seit 6 Monaten einen festen Wohnsitz hatte und keine Armenunterstützung bezog – doch die Auswirkungen ihrer Stimmen im sächsischen Landtag waren gleich Null und so fiel die politische Meinung von 80 % der Bevölkerung faktisch unter den Tisch.

Andererseits, der König war ein bedeutender, dabei fürsorglicher Herr: Hatte er nicht erst 1877 mit der *Albertstadt* die größte, zusammenhängende Kasernenanlage in Deutschland gebaut? Und hatte seine Frau, die Landesmutter Carola, nicht schon 1867 den nach ihrem Mann benannten *Albertverein* gegründet, der sich der freiwilligen Krankenpflege widmete? Zum 25-jährigen Bestehen des Vereins hatte der König 1892 die Carola-Medaille für „hilfreiche Nächstenliebe" gestiftet und – wer weiß – vielleicht würde eines Tages womöglich auch Bertha Franziska damit ausgezeichnet, denn auch sie war dem Verein beigetreten und half, wo sie konnte …

Wie hießen noch die ganzen Vornamen des Königs? Ernst Paul schmunzelte nicht ohne Stolz, wenn er daran dachte, dass seine ganze Familie die Namen Seiner Majestät fehlerfrei und ohne zu Stocken im Chor aufsagen konnte: Friedrich August Albert Ferdinand Joseph Karl Maria Baptist Nepomuk Wilhelm Xaver Georg Fidelis von Sachsen hieß er und 1873 war er gekrönt worden.

Schade, dass der König mit seiner Frau Carola keine Kinder hatte, aber der Herrgott hatte es nicht gewollt und so wurde sein jüngerer Bruder Georg, als Albert am 19.6.1902 auf seinem schlesischen Schloss Sibyllenort bei Oels mit 74 Jahren starb, neuer sächsischer König.

Doch auch König Georg war mit seinen fast siebzig Jahren schon betagt, als er die Königswürde übernahm – gegen die allgemeine Stimmung im Volk, das es lieber gesehen hätte, wenn er auf den Thron verzichtet und ihn seinem Sohn Friedrich August Georg überlassen hätte, denn der war mit seinen 37 Jahren auf der Höhe seiner Schaffenskraft.

Indes – der neue König Friedrich August Georg von Sachsen war ein verdienter Patriot: Er hatte im deutsch-französischen Krieg das siegreiche XII. (I. königlich-sächsische) Armeekorps befehligt und den französischen Kaiser Napoleon III. bei Sedan gefangen genommen! Ein Kriegsheld! Ein wahrer Sachse! Der erste nichtpreußische Generalfeldmarschall im Deutschen Reich! Dennoch, seine Frau, Maria Anna von Portugal, war schon 1884 gestorben, und der neue König war eigentlich zu bedauern.

Allein, diese Dinge wurden an anderer Stelle entschieden und das Volk hatte zu schweigen. Das kam allerdings auf andere Weise auf seine Kosten: D e r Skandal des Jahres 1902 erregte und beflügelte die Gemüter, als die Gazetten über die „Flucht der Landesmutter Luise" berichteten, der Frau des Kronprinzen – des künftigen Königs! –, die trotz ihrer sechs Kinder, schwanger mit dem siebten, mit dem Hauslehrer ihrer Kinder, dem 27-jährigen Belgier André Giron, floh. Auf und davon! Das war gewissermaßen Fahnenflucht!

Und so erregte sich das Volk, allerdings mit heimlicher Sympathie für Luise und ihre verruchte Tat; der König freilich veranlasste, dass die Ehe seines Sohnes schon kurz danach, am 11. 2. 1903, durch ein Sondergericht geschieden wurde. Recht so, meinten indes die konservativeren Schichten im Volk und quittierten es mit Häme, dass der schönen Luise fortan verboten wurde, ihre Kinder wiederzusehen. Als diese Liaison nach kurzer Zeit scheiterte und auch die Ehe mit dem italienischen Musiker Enrico Toselli geschieden wurde, hatte das Volk es allerdings kommen sehen: War Luise nicht aus der Toskana? Mit „c" schrieben sie das sogar und nicht mit hartem „g", wie sich das für eine ordentliche Sächsin gehörte, und noch dazu für die Frau des Kronprinzen!

Doch es sollte nicht lange dauern, bis diese Affäre weniger hitzig diskutiert wurde: Dann fand in Sachsen ein neues Trauerspiel statt. 1904 starb König Georg, zwei Jahre nachdem er den Thron bestiegen hatte, in Pillnitz.

Nun wurde Friedrich August III. doch noch König: Das Volk war's zufrieden. Nur, dass er mit seinen 39 Jahren ohne Frau, dafür mit 6 Kindern, in seinem Schloss leben musste, war schade und eigentlich nicht so recht zu verstehen.

Ein edler Mensch, fürwahr, seufzte das Volk in den Kneipen und beim Spaziergang im Großen Garten, und als er am 23. April 1905 gar die *Friedrich August-Medaille für Verdienste von Mannschaften vom Feldwebel abwärts und ihnen gleichgestellte Personen in Krieg und Frieden* stiftete, freute sich auch Ernst Paul, denn nun wurde auch dem gemeinen Mann die Ehre zuteil, die ihm gebührte, wenn er nur zuverlässig war, hart, fleißig, diszipliniert und gediegen arbeitete, dazu gottesfürchtig und sich so Verdienste um König und Vaterland erwarb.

Und so zitierte denn Ernst Paul regelmäßig beim gemeinsamen Abendessen Verse aus Schillers „Lied von der Glocke", wie: „Von der Stirne heiß, rinnen muss der Schweiß, soll das Werk den Meister loben, doch der Segen kommt von oben …" oder auch „…doch mit des Geschickes Mächten ist kein ew'ger Bund zu flechten und das Schicksal schreitet schnell …"

Kein Wunder, dass Willy, der immer noch gerne las, sich alsbald aller Schillerschen Werke bemächtigte, deren er habhaft werden konnte und so kam es, dass er binnen Kurzem „Das Lied von der Glocke", „Die Kraniche des Ibykus" und viele andere Balladen nicht nur gelesen hatte, sondern fehlerfrei auswendig und mit Pathos rezitieren konnte.

Das wiederum fiel bald auch seinem Lehrer auf, denn schnell spickte Willy auch seine säuberlich in fehlerfreiem Sütterlin geschriebenen Aufsätze mit Schiller-Zitaten, wobei in der Regel auch Sprüche aus der Bibel nicht zu kurz kamen. Kurz: In Willys Zeugnissen prangte nicht nur in *Betragen*, sondern auch in den Fächern *Religion* und *Deutsch* die Bestnote 1, doch zusätzlich erhielt er anlässlich der Schulabschlussfeier zu Ostern 1905 das Buch *Schillers Werke* in einer Sonderausgabe als Bestpreis überreicht. Der 100. Todestag des Dichters aber wurde allenthalben feierlich begangen.

Die Stadt Dresden nun war seit der Eingemeindung von Cotta und Löbtau im Jahre 1903 für Auszeichnungen solcher Art zuständig.

Das war hohe Ehre! Vater Ernst Paul und Mutter Bertha Franziska waren stolz auf ihren Jüngsten und auch Hans und Dora freuten sich über den Erfolg ihres Bruders.

Willy aber fing selbst an zu dichten und schenkte fortan seinen Eltern und den Geschwistern zu deren Geburtstagen ein selbstgefertigtes Gedicht, mitunter auch eine kleine Geschichte, die er sich ausgedacht und säuberlich aufgeschrieben hatte. Stets aber gab es eine Moral und das Gute siegte immer.

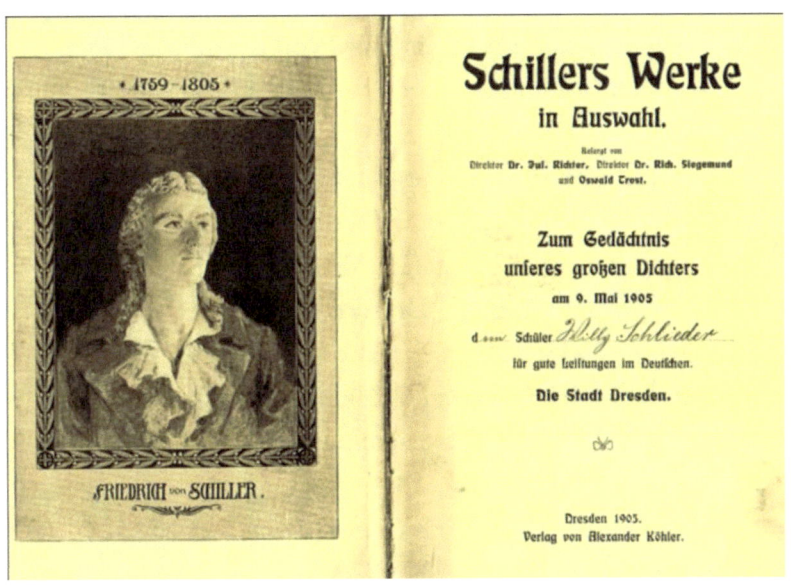

Buchpreis der Stadt Dresden für Willy Schlieder am 9. Mai 1905

Ein knappes Jahr später, nach Erfüllung seiner achtjährigen Schulpflicht, wurde dann Willy aus der *Rübezahlschule* – mittlerweile 34. Bezirksschule genannt – entlassen; ihn aufs Gymnasium zu schicken wäre denn doch zu teuer geworden, so gut seine Leistungen auch waren – und im Übrigen ungerecht gegenüber seinen Geschwistern, befand Vater Ernst Paul. Und gar d r e i Kinder im Abstand von zwei Jahren im Gymnasium zu unterhalten hätte das Familienbudget nun wahrlich überlastet. Und im Übrigen: Was sollte Dora, ein Mädchen, im Gymnasium? Sie würde ohnehin heiraten und sollte lieber zuvor einen ordentlichen Beruf erlernen. Schneiderin zum Beispiel, oder Weißnäherin. Das hatte praktischen Wert und würde wenig kosten.

Hans und Willy würden ein Handwerk erlernen, denn hieß es nicht „Handwerk hat goldenen Boden"?

Zu Ostern 1906, am 7. April, war es denn soweit und Willy erhielt sein Entlassungszeugnis: Zur Feier des Tages war die ganze Lehrerschaft, alle Schüler und alle Eltern der 8. Klasse in der Aula versammelt, der Direktor hielt eine Rede über den Wert solider Schulbildung und dass es nun „hinausgehe, ins feindliche Leben..."; auch hier stand Schillers „Lied von der Glocke" Pate.

Der Schulchor aber sang:

„Es, es, es und es, es ist ein harter Schluss,
weil, weil, weil und weil,
weil ich aus Dresden muss,
drum schlag ich Dresden aus dem Sinn
und wende mich Gott weiß wo hin,
ich will mein Glück probieren,
marschieren ..."

Das würden die Meisten denn wohl auch müssen, es sei denn, sie fänden eine Lehrstelle in der Nähe. Zunächst aber freute sich Willy über sein gutes Abgangszeugnis, in dem lediglich zwei Fächer benotet waren: *Betragen*: *1* und *Fortschritte*: *1 b*.

Andere Fächer waren ganz offensichtlich von so geringer Bedeutung, dass sie nicht einmal im Schulabgangszeugnis Erwähnung fanden.

Der einzige „Mangel", der Willy an dem Zeugnis störte, war denn auch der Hinweis auf die 6 ungerechtfertigt versäumten Schultage. Das stimmte, allerdings aus Gründen, die nun wirklich nicht durch ihn zu vertreten waren. Willy hatte sich um seine Mutter gekümmert, als diese im letzten Jahr an Bronchitis erkrankt war und mit hohem Fieber, das partout nicht sinken wollte, im Bett lag. Vater Ernst Paul war tagsüber im Dienst und Willy war in der Schule so gut, dass ihm die paar Tage bei seinen schulischen Fortschritten nicht wirklich fehlen würden; eine Bescheinigung oder gar ein Attest hierfür war freilich nicht beizubringen gewesen …

So trug denn Willy und mit ihm die ganze Familie diesen „Mangel" mit Fassung, denn man wusste ja, dass der Grund hierfür eigentlich eine gute Tat gewesen war, und sollte man nicht Gott mehr gehorchen als den Menschen?

Ein anderes Ereignis – zeitgleich fast – war noch von fast größerer Bedeutung: Willy war kurz zuvor „in den Kreis der Erwachsenen aufgenommen" worden, wie es damals hieß, denn Willy wurde am 1. April 1906 in der *Heilandskirche* in Dresden-Cotta von Pfarrer Schmidt, gemeinsam mit gut 30 weiteren 14-Jährigen, konfirmiert.

Der Bibelspruch auf seinem Konfirmationsschein lautete: „Bleibe fromm und halte dich recht, denn solchen wird es zuletzt wohl gehen." (Ps. 37, 37).

Sein Konfirmationsspruch aber war: „Ich kenne dein Tun. Du bist weder kalt noch heiß. Wärest du doch kalt oder heiß!" (Offb. Joh. 3, 15).

Beide Sprüche müssen bewirkt haben, dass sich Willy häufig – auch noch in späteren Jahren – mit den Psalmen und der Offenbarung des Johannes beschäftigt hat. Sie sollten ihm immer wieder als Richtschnur dienen und haben ihm mit Sicherheit Halt und Orientierung gegeben, auch – und gerade dann – wenn um ihn herum alles scheinbar oder tatsächlich aus den Fugen geriet.

Die Aufforderung in seinem Konfirmationsspruch aber, dessen Sinn ihm durchaus nicht auf den ersten Blick klar geworden war, war wohl der eigentliche Grund, warum Willy im Laufe seines Lebens immer wieder klar und deutlich Stellung bezog und für seine Überzeugung auch einstand, gleich ob dies mit Vor- oder Nachteilen für ihn verbunden war.

Willys Schulentlassungszeugnis

Zwei Wochen später empfing er erstmals im Kreise seiner Mit-Konfirmanden und vor der versammelten Gemeinde, ebenfalls in der *Heilandskirche*, das Heilige Abendmahl.

Zur Feier des Tages hatte Mutter Bertha einen riesigen Streuselkuchen sowie die obligatorische Eierschecke gebacken; beim gemeinsamen Kaffeetrinken nach dem Gottesdienst im Kreise der Familie, zu dem auch die übrige Verwandtschaft, soweit sie es sich leisten konnte, angereist war, hielt Vater Ernst Paul eine wohlgesetzte Rede, die er sich zuvor in sauberer Sütterlin-Schrift kunstvoll aufgeschrieben hatte.

Um Gottesfurcht ging es dabei, um ein christliches Leben, um Anstand, Nächstenliebe, Ehrfurcht vor den Eltern, Respekt gegenüber der Obrigkeit und dem künftigen Lehrherrn; kurz, um all das, was den königstreuen, vaterlandsverbundenen, christlichgesinnten, braven Bürger an der Peripherie der sächsischen Hauptstadt zu Beginn des 20. Jahrhunderts ausmachte.

Ein weiteres, denkwürdiges Ereignis ging indes wenig später an den meisten Bürgern Dresdens vorbei, ohne dass sie es auch nur wahrgenommen hätten: Die erste Kunstausstellung eines Zusammenschlusses von Künstlern, die sich seit Juni 1905 *Die Brücke* nannten. Ernst Ludwig Kirchner, Fritz Bleyl, Erich Heckel, Karl Schmitt-Rottluff und Max Pechstein hatten, im Herbst 1906 in den nahe gelegenen Schauräumen der „Lampenfabrik" von Karl Max Seifert in Löbtau, die erste, private Ausstellung ihrer Werke organisiert. Später kamen andere Maler dazu, die sich dem Expressionismus, wie die neue Kunstrichtung bald genannt werden sollte, verbunden fühlten: Emil Nolde, Otto Mueller, Kees van Dongen …

Dies alles freilich, ebenso wie alle weiteren Ausstellungen der *Brücke*, wurde kaum beachtet und so kam es, dass auch die Kleinbürger und Arbeiter in Löbtau und Cotta sowie in den meisten anderen Vierteln ihrer Stadt von all dem nicht sonderlich berührt wurden, geschweige denn, dass sie sich an der zumeist herablassend geführten Diskussion dieser Werke, beteiligt hätten.

*Konfirmationsschein für Richard Willy Schlieder,
ausgestellt am 13. April 1906 durch das Pfarramt der Heilandskirche in
Dresden-Cotta*

2. Lehrjahre sind keine Herrenjahre
1906 - 1910

Nun war Willy also „erwachsen", was immer das heißen mochte. Eines aber war sicher: er würde nun einen Lehrberuf ergreifen, damit er in weiteren vier Jahren – denn so lange würde die Ausbildung des Lehrlings dauern – seinen Eltern „nicht mehr auf der Tasche läge".

Und Willy hatte eine Lehrstelle in Aussicht, ja im Grunde schon sicher; er musste nur noch die Probezeit bestehen.

Gleich um die Ecke, wenige hundert Meter weiter in der Kronprinzenstraße und direkt gegenüber der Gaststätte *Zur Schanze*, betrieb Meister Eduard Kühne seine *Fahrradbau- und Reparaturwerkstatt*; den hatte Willy kennen gelernt, als er vor Jahr und Tag des Morgens vor der Schule Brötchen für die benachbarte Bäckerei ausgetragen hatte. Im Grunde war er seiner Frau aufgefallen, denn „Willys Brötchen", fein säuberlich in einer Papiertüte eingepackt, hingen jeden Morgen auf die Minute genau, Punkt 07.00 Uhr, an ihrer Haustür. Willy klingelte dann regelmäßig, die Meisterin öffnete die Tür und Willy wünschte ihr und dem Meister einen guten Appetit. Bei Gelegenheit leerte Willy auch der Frau des Meisters hin und wieder den Abfallbehälter oder machte sonstige kleine Besorgungen. Das gefiel den Beiden, und so war der Meister, ein bedächtiger, gemütlicher Mittvierziger, denn auch sofort bereit, den Jungen einzustellen, als er eines Tages höflich nachfragte, ob der Herr Kühne nicht womöglich eine Lehrstelle für ihn hätte; er würde auch alles tun, was man ihm auftrüge. Pünktlich und fleißig sei er auch, und eines Tages wollte er sein eigenes Fahrrad bauen ... Lehrgeld könne er allerdings keines bezahlen; dafür brauche er auch nicht bei ihm zu wohnen, denn seine Eltern wohnten ja gleich um die Ecke.

Das gefiel dem Meister! Seine Wohnung war ohnehin recht beengt und es war besser, auf die paar Mark Lehrgeld zu verzichten und dafür einen anständigen, ihm ja bekannten Lehrling einzustellen, als einen völlig Unbekannten. Möglich, dass auch der Umstand, dass die Beiden keine Kinder hatten, mit dazu beitrug, dass Willy so „mir nichts, dir nichts" die Lehrstelle bekam – und noch dazu gleich um die Ecke!

Und so fing denn Willy an – offiziell schon ab dem 1. April 1906, zurückdatiert also gewissermaßen – das Mechanikerhandwerk zu erlernen: eine Beschäftigung, der er sich fortan mit dem ihm eigenen Eifer, mit Interesse und Sinn fürs Praktische und für Details, widmete.

Was gab es da nicht alles zu lernen!

Zuerst allerdings galt es, die Werkstatt peinlich sauber zu halten, das hieß auszufegen und einmal in der Woche, bei Bedarf auch täglich, nass zu wischen, morgens Werkzeuge und Zubehör an die Stellen zu bringen, wo sie gebraucht wurden und abends alles wieder in die verschiedenen Schränke zu räumen, in die nun einmal alles gehörte, denn oberstes Prinzip war – und das war des Meisters Wahlspruch: „Ordnung, Ordnung liebe sie, sie erspart dir Zeit und Müh!"

Dann durfte Willy Fahrradschläuche flicken, Schutzbleche und Fahrradträger ab- und wieder anbauen, Fahrradketten ölen und spannen, Handbremsen reparieren, Fahrradsättel anbringen, später Rahmen lackieren, bei Bedarf Lenkstangen formen und zuletzt sogar Vernickelungsarbeiten durchführen.

Ein weites Feld! Und das im wahrsten Sinne des Wortes, denn Willy musste bald auch Zubehör, Fahrradschläuche, Fahrradketten, Bremsklötze, Luftpumpen und Flickwerkzeug besorgen, reparierte Fahrräder ausliefern, defekte Drahtesel abholen – und das mitunter aus ganz Cotta, ja selbst aus Löbtau, Wölfnitz, Leutewitz und gar aus Friedrichstadt. Das alles freilich zu Fuß: kein Wunder, dass seine Schuhsohlen bald Löcher bekamen und die Absätze seiner Schuhe in Schieflage gerieten.

Doch auch das war kein wirkliches Problem, denn Vater Ernst Paul war ja gelernter Schuhmacher und so lernte Willy, wie zuvor schon sein Bruder Hans, ganz nebenbei gewissermaßen, wie man Schuhe besohlt, schiefe Absätze mit Eisen versieht und aufgerissene Nähte flickt. Als Sohlen dienten dabei oft genug auseinander geschnittene Reste defekter Fahrradmäntel, Teile ausrangierter

Lederschuhe oder ein alter lederner Schulranzen, denn davon gab es ja immerhin drei Exemplare zu Hause, die nun sicherlich nicht mehr gebraucht würden.

Einmal in der Woche war zusätzlich das Berichtsheft zu führen, das der Meister dann stets aufmerksam durchlas und abzeichnete.

Eines Morgens nun, am 16. Dezember 1907, auf dem Weg von der elterlichen Wohnung zu seiner Lehrstelle, entdeckte Willy an einer Litfaßsäule eine Nachricht, die ihn – wie alle, die sie lasen – sehr betroffen machte: Königin Carola, geb. Prinzessin von Wasa-Holstein-Gottorp, die Witwe des verstorbenen Königs Albert I., war am Tag zuvor, 74-jährig in Dresden gestorben.

Die Nachricht verbreitete sich wie ein Lauffeuer; viele weinten, denn Königin Carola war bei der Bevölkerung beliebt, zumal sie – nach der Flucht der Kronprinzessin vor fünf Jahren – wenngleich nicht formell, so doch de facto, die Königin war, denn Friedrich August hatte nicht wieder geheiratet.

Als eine der schönsten königlichen Prinzessinnen Europas hatte sie einst gegolten und sogar Napoleon III. von Frankreich hatte, ohne Erfolg freilich, um ihre Hand angehalten. Selbst kinderlos, hatte sie sich Zeit ihres Lebens nicht nur der Krankenpflege in Sachsen und der Vermittlung weiblicher Arbeit gewidmet, sondern auch fünf Kinderbewahranstalten und drei Krippen gegründet; und noch vor Kurzem, erst 1896, hatte sie das „sächsische Krüppelheim" in Trachenberge sowie drei Volksküchen in Amalienhaus und den nahe gelegenen Stadtteilen Löbtau und Friedrichstadt einrichten lassen.

Tagelang war der Tod der Königin denn auch d a s Thema bei der Bevölkerung und viele Bürger trugen anlässlich ihrer Beisetzung Trauer.

Ein halbes Jahr später, im Sommer 1908, hatten die Cottaschen Bürger indes wieder Anlass zur Freude: Das *Luftbad Cotta* an der Hebbelstraße 33 wurde auf Initiative des Naturheilvereins Cotta eröffnet. Ehrensache, dass man sich das anschaute, sobald irgend möglich! Nun wurde also offensichtlich auch etwas für die Arbeiterschaft getan.

Schon das *Hebbelbad*, wenig weiter an der Hebbelstraße 11 gelegen und schon 1899 errichtet, hatte den Cottaschen Arbeitern Gelegenheit zum Schwimmen und zur Körperpflege geboten – doch das neue Bad war ungleich größer und schöner, denn nun konnte man im Freien schwimmen und sich sportlich betätigen! Bislang war man dazu auf ein Bad in der Weißeritz oder in der Elbe angewiesen, doch deren Wasserqualität wurde, wegen der vielen Abwässer, die direkt in den Flüssen landeten, von Jahr zu Jahr schlechter.

Nun gab es also auch in Cotta ein Luftbad, das *Froschbad*, wie es bald hieß. Dort verbrachte denn Willy, nebst einigen anderen Jugendlichen seines Alters, den einen oder anderen freien Sonntag-Nachmittag, zumindest bei schönem Wetter im Sommer und wenn er sich das – eher selten – leisten konnte.

Wie herrlich konnte man dann träumen, wenn man an einem sonnigen Juli-Nachmittag auf der Wiese lag und in den schier endlosen, blauen Himmel schaute ... Von Zeppelinen, zum Beispiel, mit denen man in nicht allzu ferner Zukunft quer durch Deutschland würde fliegen können, ja vielleicht eines Tages sogar über den Atlantik ... Und irgendwann würde man sicherlich auch mit einem dieser wunderbaren Luftschiffe die Erde umrunden können. Erst vor kurzem war von *LZ 3* zu lesen gewesen, dem dritten funktionsfähigen Zeppelin, der bis 1908 in 45 Fahrten über 4.400 km zurückgelegt hatte!

Doch das waren nichts als Hirngespinste, mit denen er in absehbarer Zeit nichts zu tun haben würde, sagte sich denn Willy in weiser Selbsteinschätzung seiner Lage und wandte sich wieder einem anderen Traum zu, der ihn freilich schon seit geraumer Zeit verfolgte: Er wollte ein Fahrrad bauen, sein eigenes Fahrrad, mit dem er dann – ohne Fahrgeld für die Straßenbahn zahlen zu müssen – zuerst Dresden und später die Gegend entlang der Elbe bis ins Elbsandsteingebirge erkunden wollte. Das musste herrlich sein, so ganz frei von irgendwelchen Zwängen, mit Hilfe seiner eigenen Körperkraft und ohne Geld ausgeben zu müssen, zu fahren wohin man wollte!

Und so fragte er denn seinen Meister eines Tages, ob er nicht irgendwelche Fahrradteile, die ohnehin weggeworfen wurden, weil sie zu nichts mehr zu gebrauchen waren, für sich verwenden dürfe um sich daraus – langsam, ganz wie es sich fügen würde und natürlich in der Freizeit – sein eigenes Fahrrad zu bauen.

Meister Kühne war's recht, denn schließlich würde der Junge dabei lernen, und das sollte er ja. Und so sah er mit Interesse zu, wie sich Willy peu à peu seinen ersten Drahtesel selbst zusammen bastelte, nietete und schraubte – und wenn er nicht so recht weiter kam, gab er ihm den einen oder den anderen nützlichen Tipp, bis es funktionierte und das Gefährt Gestalt annahm. Ohne Rücktritt freilich, dafür mit zwei Handbremsen! Nur mit der Luftbereifung gab es noch Probleme, denn brauchbare Karkassen waren nirgends zu finden und nur auf den Schläuchen zu fahren würde nicht weit führen.

Da kam ihm urplötzlich der Zufall zu Hilfe: Bei einem sonntäglichen Gang ins Luftbad in der Hebbelstraße begegnete ihm sein ehemaliger Klassenlehrer, Gustav Hensel, begleitet von seiner Ehefrau, die ihn stützte. „Nu guden Daach Herr Lehrer", begrüßte ihn Willy und zog seine Kappe, denn natürlich hatte er ihn sofort wieder erkannt, wenngleich er ihn seit seiner Entlassung aus der Schule, vor über zwei Jahren, nicht mehr gesehen hatte. „Nu mei Gudsder, was iss'n aus dir geword'n?" gab Hensel zurück und auch seine Frau reichte Willy freundlich die Hand.

„Nu ich bin beim Meister Kühne in der Lähre, glei um die Egge in der Gronbrinsenschdrase und immer wenn'ch Zeit hab', bau'ch mir'n Fahrrad, bloß die Mändel hab'ch noch ni und goofen gann'ch se mir ooch ni", ging Willy sofort in medias res, denn die Sache mit dem eigenen Fahrrad war sein zentrales Problem und das beschäftigte ihn immer.

„Nu Willy", meinte da Gustav Hensels Frau, „des genn' mer lösen: mei' Vader is doch jetz schon achzsch und hat noch ä aldes Fahrrad im Geller, das ni' mehr so rechte fungdioniert. Der brooch't's doch sowieso ni' mehr und der Gustav steicht of so'n Höllengeräd doch ooch ni. Die paar Meder zur Schule geht der doch zu Fuß. Und bevor der mir umgibbt und sich die Beene bricht …"

„Da haste recht, Luise", meinte Gustav Hensel, „da soll der Willy doch glei ma' midgomm und gugg' n, ob er des Fahrrad broochen gann. Die Räder wärn's beschdimmt noch duhn un wenn ni, gannsdes ja fligg'n."

Keine zehn Minuten später war denn Willy im Besitz eines ausrangierten Fahrrads, nicht ohne sich überschwenglich bei der guten Frau Hensel und ihrem Mann bedankt zu haben. „Wenn'ch Ihnen mal 'ne Besorgung machen soll, brauchense mir's bloß zu sach'n, Frau Lährer'n", meine Willy artig zum Abschied und schob seinen neuen alten Drahtesel in Meister Kühnes Werkstatt, denn da war er sicher. Am nächsten Morgen würde er anfangen, die Reifen zu flicken und die Räder auf sein mittlerweile weitgehend fertig gestelltes und glänzend blau lackiertes Fahrrad zu montieren.

Und so geschah es denn auch: eine gute Stunde vor der offiziellen Öffnung der Werkstatt war Willy an seinem Arbeitsplatz, denn er hatte einen Schlüssel zur Werkstatt, legte die Fahrradschläuche in eine große Blechwanne mit Wasser und konnte so feststellen, wo die Löcher in den Gummischläuchen waren; wenig später waren sie gummiert und dicht. Die Karkassen selbst waren kaum abgenutzt, so dass sie – normalen Verschleiß vorausgesetzt – sicherlich ein paar Jahre halten würden.

Und so kam es, dass Willy, kaum dass Meister Kühne die Werkstatt betreten hatte, ihm sein nunmehr fertiggestelltes Fahrrad präsentieren konnte.

„Nu machense Oogen, niwar Meester?", meinte Willy und Eduard Kühne hatte nichts, ja rein gar nichts, an Willys vorgezogenem Gesellenstück auszusetzen, zumal er ja die allmähliche Entstehung dieses Drahtesels – aus nichts als Schrott – miterlebt hatte.

„Am Fahrraddräger wer'ch off d'n Seiden noch Görbe festmach'n, wenn'ch eingoofen fahre oder was Größ'res dransbordier'n muss" meinte Willy und der Meister war's zufrieden.

Schade, dass er Willy nur noch gut anderthalb Jahre bei sich haben würde, denn dann wäre seine vierjährige Lehrzeit beendet – und sicherlich würde sich der Junge dann nach einer größeren

Werkstatt umsehen, bei der er, dann als Geselle, Geld verdienen könnte. Vielleicht würde er aber auch zum Militär eingezogen, und dann musste er sich ohnehin um einen neuen Lehrling umsehen.

Einstweilen aber war Willy ja noch da und sprühte förmlich vor Tatendrang und Arbeitseifer.

Als im Lauf desselben Jahres, 1908, die Firma *Berko* aus Berlin eine neue Form der Fahrradbeleuchtung auf den Markt brachte und damit die Zeit der Karbidlampe als Beleuchtung allmählich zu Ende ging, war es erneut Willy, der dem Meister vorschlug, doch probeweise einen solchen *Dynamo* zu besorgen und ihn an einem Fahrrad auszuprobieren.

Der Meister war einverstanden und so brachte Willy, sobald der Probe-Dynamo eingetroffen war, ihn auch schon am Fahrrad von Meister Kühne an und probierte ihn am selben Abend aus: Und siehe da, es funktionierte! Von da an hatte C.E. Kühnes Fahrradhandlung Dynamos im Angebot und die neue Beleuchtung verdrängte die doch recht komplizierte und störanfällige Karbidbeleuchtung relativ zügig.

An seinem eigenen Fahrrad freilich verzichtete Willy auf einen Dynamo, wie er auch schon zuvor auf eine Karbidbeleuchtung verzichtet hatte. Diese Art von Luxus war denn nun wirklich nicht erforderlich, zumal sie nicht vorgeschrieben war und überdies mit rund 10 Mark recht teuer. Und im Übrigen: bei Dunkelheit war Willy stets zu Hause und brauchte keine Fahrradbeleuchtung.

Etwas anderes wäre da schon eine Torpedo-Nabe mit zwei oder drei Gängen von *Fichtel & Sachs* gewesen, doch auch die war zunächst unerschwinglich, ebenso wie ein Markenfahrrad von *Miele* oder von *Wanderer* beispielsweise. „Wähle *Wanderer* des Wertes wegen", ein Werbespruch, allen Fahrradliebhabern sehr wohl bekannt – doch ein solches Luxus-Rad könnte er sich allenfalls einmal leisten, wenn er eines fernen Tages Meister wäre …

Doch hieß es nicht:

„Wer soll Lehrling sein? – Jedermann.

Wer soll Geselle sein? – Der was kann.

Wer soll Meister sein? – Der was ersann."

Dass er „was konnte", wusste Willy mittlerweile, und etwas ersinnen würde er auch, das hatte er sich ganz fest vorgenommen.

So war es auch kaum mehr als eine Formsache – wenngleich ein gutes Stück Arbeit –, als Willy Mitte März 1910 sein Gesellenstück anfertigen musste: Ein schrottreifes Damenfahrrad so zu reparieren, dass es „wie neu" aussah und einwandfrei funktionierte. Mit neu eingezogenen Speichen, denn die waren zum Teil herausgebrochen oder verbogen, einer handlich geformten Lenkstange, mit vernickeltem Rahmen, schwarz glänzend lackiert, mit Rücktritt, neuer Dreigang-Nabenschaltung von *Fichtel & Sachs*, einem Fahrradkettenschutz und Fahrradträger, einer Luftpumpe, einer ledernen Werkzeugtasche und einem Dynamo. Dazu war eine Ausarbeitung anzufertigen, die dieses Wunderwerk der Technik im einzelnen beschrieb und Hinweise für kleinere Reparaturmaßnahmen enthielt.

Das war nun allerdings nicht allzu schwierig, denn so lange war es noch nicht her, dass sich Willy sein eigenes Fahrrad – noch dazu quasi aus dem Nichts – zusammengebastelt hatte. Nun aber konnte er das Material einsetzen, das er brauchte und musste nicht auf den Zufall warten, der ihm half, das Ganze zu vollenden. Im Gegenteil: Zwei Wochen Zeit waren ihm vorgegeben und dann war das Fahrrad den kritischen Augen seines Meisters vorzustellen. Klar, dass alles „picobello" sein müsste, denn das gute Stück sollte seiner eigentlichen Eigentümerin zurückgegeben werden.

Natürlich wurde „Willys Glanzstück", wie es alsbald hieß, rechtzeitig fertig und sowohl der Meister als auch Frau Nitzsche aus Löbtau, die das Fahrrad alsbald wieder abholte, waren mehr als zufrieden.

Als Lohn folgte nun die „Freisprechung" und die Bestätigung, dass Willy vier Jahre lang das Mechaniker-Handwerk erlernt hatte.

Dann übernahm ihn Meister Kühne als Gesellen und zahlte einen, wenn auch geringen, Lohn: 20,00 Mark pro Woche. Das war – als Anfangsverdienst eines Gesellen – zwar nicht üppig, für Willy aber weit mehr, als er jemals zuvor verdient hatte. Da er aber immer noch zu Hause wohnte und sein Mittagessen nach wie vor bei

Frau Kühne – umsonst – einnehmen konnte, war dieser Lohn im Wesentlichen zum Sparen bestimmt.

Darüber freuten sich nicht nur Willy, sondern vor allem seine Eltern, da nun alle ihre Kinder „in Lohn und Brot" waren, denn auch Hans und Dora, die beiden Älteren, hatten vor vier bzw. zwei Jahren entsprechende Anstellung gefunden.

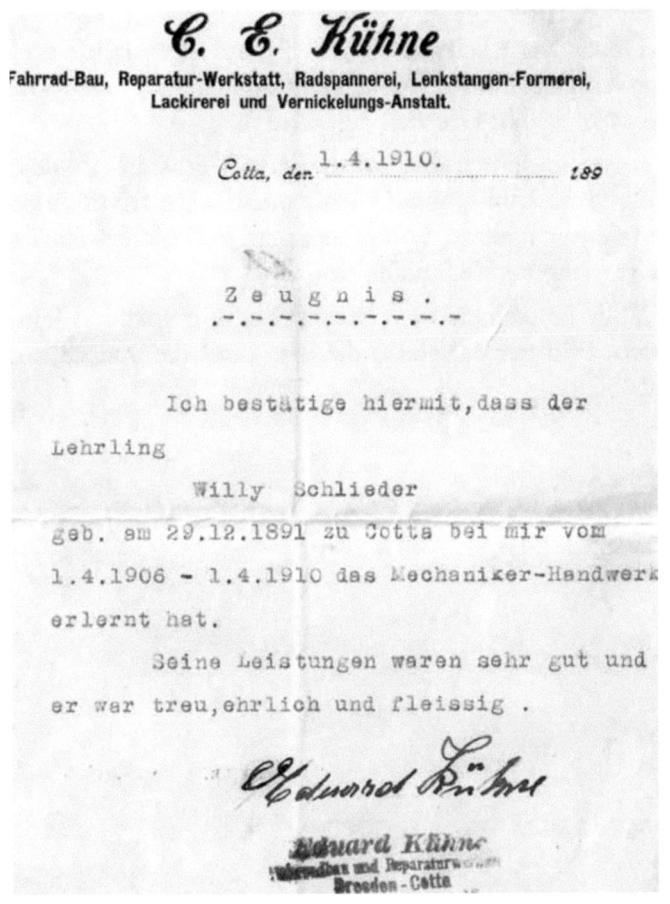

Lehrzeugnis, ausgestellt am 1.4.1910 von Meister C.E. Kühne, Dresden-Cotta

Schon sechs Monate später freilich, am 30. September, hieß es Abschied nehmen, denn Willy wollte seine Wehrpflicht absolvieren, der alle gesunden, jungen deutschen Männer ab ihrem 17. Lebensjahr unterlagen.

Diese war seit 1893 für Fußtruppen von drei auf zwei Jahre verkürzt worden, bei einer freiwilligen Verpflichtung um ein weiteres Jahr konnte man jedoch – im Rahmen des Möglichen – seinen Truppenteil, zumindest aber den Standort, selbst aussuchen und bei Eignung zum Unteroffizier ausgebildet werden.

Daher verpflichtete sich Willy auf drei Jahre und wurde auch prompt zum 1. (Königlich-Sächsischen) Leib-Grenadier-Regiment Nr. 100 in Dresden einberufen.

So fand denn in Meister Kühnes Werkstatt ein kleiner Umtrunk mit „Eefachbier" statt, denn mehr wäre frivol gewesen; im übrigen taten Festgelage, von denen man bei solchen Anlässen mitunter hörte, nun wirklich nicht Not.

Willy hat seinen alten Meister auch in späteren Jahren häufig besucht und der Meisterin die eine oder die andere Besorgung gemacht.

3. Militärdienst in der königlich-sächsischen Armee und bei der Deutschen Militärmission in Konstantinopel
1910 – 1913

Am 1.10.1910, nur ein halbes Jahr nach Beginn seines Gesellendaseins, meldete sich Willy daher bei seiner neuen „Lehrstelle" in der Infanteriekaserne an der Carola-Allee in der Dresdener Albertstadt, um dort als Rekrut seine dreijährige Wehrdienstzeit anzutreten.

Wenn schon, denn schon, sagte sich Willy, und in dem einen zusätzlichen Jahr würde er sicherlich die eine oder die andere Mark auf die hohe Kante legen können und die würde er brauchen, wenn er eines Tages heiraten wollte. Und das würde er ganz sicher wollen. Bislang war das Thema zwar nicht akut, doch schließlich gehörte es sich für jeden jungen deutschen Mann, eines Tages zu heiraten – wenn er es „zu etwas gebracht hatte", versteht sich. Indes: „Ohne Fleiß, kein Preis"… das war ihm klar. Doch dass er fleißig war, hatte ihm ja vor Kurzem erst Meister Kühne bescheinigt.

Und im Übrigen: Wer Geselle war, musste auch Unteroffizier werden! Irgendwie gehörte sich das, fand Willy. Schließlich war er ja Sachse und letzten Endes auch Deutscher. Und da gab es einen König, den alle Sachsen verehrten, und darüber gar den Kaiser. Der aber brauchte eine starke Armee, damit nicht eines Tages die Franzosen Rache nähmen für den verlorenen Krieg von 1870/71 und für die Schmach, dass die sächsische Armee ihren Kaiser bei Sedan gefangen genommen hatte!

Er wollte jedenfalls seinen Teil dazu beitragen, dass der Kaiser eine starke Armee hatte – und die sächsische Infanterie war ein mächtiger Bestandteil dieser Armee. Dass sie es blieb und in einem etwaigen weiteren Krieg bestehen würde, dazu wollte er sein Bestes geben.

Natürlich war das neue Leben anfangs ungewohnt und anstrengend; ganz anders, als während der Lehrzeit und den ersten sechs Monaten als Geselle bei dem gemütlichen Meister Kühne in der betulichen Fahrradwerkstatt in der Kronprinzenstraße in Cotta. Laut war es hier!

Offensichtlich war der „Spieß" – der Kompaniefeldwebel – der Herrscher aller Reußen und machte das allen Rekruten mehr als deutlich, wenn er zum soundsovielten Male die Stuben schrubben ließ, die Sauberkeit der Uniformen und der Ausrüstung prüfte und das Exerzieren überwachte.

Den Kompaniechef, den Bataillonskommandeur oder gar den Regimentskommandeur bekamen die Rekruten nie zu Gesicht. Über den Divisionskommandeur aber, offensichtlich ein ganz hoher Herr, Generalleutnant von Schweinitz, war erst vor Kurzem in den Zeitungen berichtet worden: Mitte Juli 1910 hatte ihn der König zum General der Infanterie ernannt! Ein schneidiger Herr in seiner prächtigen Uniform mit den vielen Orden und prächtigen Epauletten! Noch vor wenigen Jahren war er Kommandeur ihres Regiments gewesen.

Solchermaßen beeindruckt fügten sich die Rekruten in ihr Schicksal, sangen vaterländische Lieder wie „Fern bei Sedan, wohl auf der Höhe, steht ein einsamer Soldat, neben seinem Kameraden, den die Feindeskugel tödlich traf …", marschierten bis zu 40 Kilometer am Tag und nahmen die Karabiner auseinander und setzten sie wieder zusammen, dass es eine Freude war. Als Mechaniker konnte Willy das besonders gut, besser jedenfalls als seine elf weiteren Stubenkameraden, die allesamt Bauern waren, bis auf einen Gärtner und einen Buchdrucker: Mit denen freundete sich Willy an und hatte so schnell adäquate Gesprächspartner. Schließlich hatten Willys Eltern ja auch einen Kleingarten und für Bücher hatte er sich immer schon interessiert.

Der Sold war anfangs karg: Mannschaften erhielten einen Tagessold von 22 Pfennigen, das entsprach einem Monatslohn von 6,60 Mark; dazu kam allerdings, bei freier Unterkunft, ein Beköstigungsgeld von ca. 9,00 Mark monatlich. Wenn man die Truppenverpflegung nicht in Anspruch nahm, wurde der entsprechende Geldwert bar ausgezahlt.

Nach der Grundausbildung wurde man – in diesem Regiment zumindest – der „Garde" zugeteilt: Das erhöhte den Tagessold auf 23 Pfennige, d.h. auf 6,90 Mark monatlich, zuzüglich Beköstigungsgeld.

Als Gefreiter stieg die Löhnung dann schon auf 8,10 Mark bei ansonsten gleichen Vergünstigungen.

Als Unteroffizier konnte sich der monatliche Sold mit 21,60 Mark schon eher sehen lassen und würde dann in etwa dem entsprechen, was er als Geselle im ersten halben Jahr verdient hatte – bei freier Unterkunft und rund 13,00 Mark Beköstigungsgeld.

Als Sergeant gar käme man auf 32,10 Mark, als Vizefeldwebel auf 41,10 Mark und als Feldwebel auf stattliche 56,10 Mark, und auch diese Chargen hatten freie Unterkunft und Anspruch auf Beköstigungsgeld!

Diese Gehaltstabelle war natürlich nicht nur Willy ein Ansporn, auf der Beförderungsleiter aufzusteigen, wohl wissend, dass jedes Avancieren viel Ausdauer, Fleiß und allzeit tadellose Disziplin erfordern würde …

Da Willy über all diese Eigenschaften im Übermaß verfügte, kam es denn auch, wie es kommen musste: Willy wurde, kaum dass er zum Gefreiten ernannt worden war, auf die Stelle des Waffen- und Geräte-Unteroffiziers „versetzt", denn dieser war nach drei Jahren ausgeschieden und sein vorgesehener Nachfolger wegen einer dringenden Familienangelegenheit zur 32. Division nach Bautzen versetzt worden.

Als Mechaniker war Willy für diesen Posten denn auch mehr als geeignet und so verwaltete er die gut 150 Gewehre, vier Pistolen, drei Maschinengewehre und die Zelte der Kompanie mit Stolz, penibel und mit Sachverstand, ganz wie es sich für einen ordentlichen sächsischen Soldaten des Leib-Grenadierregiments 100 gehörte.

Kein schlechter Einstieg nach so kurzer Zeit, dachte sich Willy und fand trotz mancher Ungereimtheit und dem viel zu lauten Brüllen der meisten Sergeanten und Unteroffiziere durchaus Freude an seinem neuen „Beruf", zumal es seit seiner Einberufung in der gesamten sächsischen Armee – wie schon zuvor in Teilen der Industrie – üblich geworden war, arbeitsfreie Samstagnachmittage zu gewähren. Voraussetzung dafür war freilich, dass die Gewehre nach dem samstäglichen Exerzieren und einem kurzen Waffenreinigen vollständig und blitzsauber in der Waffenkammer standen, die Stuben und Spinde aller Soldaten vom „Spieß" abgenommen waren und der Kompaniechef einverstanden war. Klar, dass sich da jeder nach Kräften anstrengte.

Ein freier Samstagnachmittag! Das hatten die Meisten zuvor noch nie erlebt; Willy auch nicht.

Und so fuhr er denn an den meisten Samstagen mit dem Fahrrad quer durch Dresden nach Cotta zu seinen Eltern.

Sein Vater aber, Ernst Paul, hatte in letzter Zeit – trotz seiner erst 53 Jahre – immer häufiger gesundheitliche Probleme, denn er bekam zunehmend schlechter Luft und auch kleinere körperliche Anstrengungen fielen ihm schwer. Da war es schon angenehm, wenn einer seiner Söhne am Wochenende kommen konnte, um im Gemüsegärtchen an der Warthaer Straße oder bei den diversen Aufgaben in der Wohnung zu helfen. Auch Hans und Dora kamen, wenn sie nur konnten.

Dennoch wurde Ernst Pauls Gesundheitszustand immer prekärer. Zu guter Letzt gab ihm der zuständige Bahn-Betriebsarzt den Rat, in eine Gegend „mit besserer Luft" zu ziehen, denn mit herkömmlicher Arznei sei an seinem Zustand nichts zu ändern.

Das war freilich leichter gesagt als getan, denn wohin sollte er denn mit seiner Frau ziehen? Außerdem war er ja Beamter bei der Bahn und hatte zu arbeiten, wohin ihn der Dienstherr beordert hatte, und das war nun einmal Dresden-Cotta.

Doch der Betriebsarzt hatte Beziehungen und war überdies ein gutherziger Mensch. Er sprach mit Ernst Pauls Vorgesetzten und schilderte die Lage in drastischen Worten: „Entweder der Schlieder wird versetzt und zwar irgendwohin, wo die Luft besser ist als hier in diesem gottverdammten Cotta mit seiner dicken Luft oder er stirbt in den nächsten Monaten! Das aber hat er nicht verdient; schließlich hat er drei Kinder groß gezogen und einer ist sogar beim Militär. Außerdem hat er eine Frau zu versorgen …"

Das muss gewirkt haben, denn tatsächlich wurde Ernst Paul noch im Laufe des Sommers 1911 zum Bahnhof in Oberrathen im Elbsandsteingebirge versetzt, und eine Dienstwohnung unweit der Elbe in einem älteren Haus mit Garten ganz in der Nähe des Bahnhofs wurde ebenfalls recht zügig gefunden. Das war, als ginge es in die „Sommerfrische", wie die gesamte Familie kommentierte, denn Oberrathen – auf der anderen Seite der Elbe, direkt gegenüber dem Kurort Rathen, in ländlicher Umgebung gelegen – war wegen seiner guten Luft bekannt und ein beliebter Ausflugsort.

Klar, dass die gesamte Familie und alle Freunde, Bekannten, und Kameraden beim Umzug halfen, und so waren Ernst Paul und Bertha Franziska in kürzester Zeit Neu-Bürger in Oberrathen. Dort bekam Ernst Paul deutlich besser Luft, das Häuschen war zwar alt, aber geräumig, das Gemüsegärtchen lag gleich neben dem Haus, und zum Bahnhof waren es nur fünf Minuten zu Fuß.

Willy aber konnte Oberrathen mit seinem Fahrrad am Samstagnachmittag immer noch erreichen; das waren nun zwar von und zur Albertstadt etwa 35 Kilometer in jeder Richtung, aber wenn er sich ins Zeug legte, war das in zwei Stunden zu schaffen. Zudem dienten diese Wochenend-Touren der körperlichen Ertüchtigung. Der Spieß war's zufrieden und seine Eltern freuten sich, wenn er am Samstagnachmittag, laut klingelnd, um die Ecke bog.

An einem Samstag Ende August freilich war der wöchentliche Ausflug nach Oberrathen gestrichen, denn Willy war, mit einigen anderen Soldaten der Kompanie zum protokollarischen Ehrendienst in den Großen Garten abgeordnet: Dort waren einige Prinzessinnen zu bewachen, die wahrscheinlich zwischen Carola-See, Palais-Teich und Neuem Teich, womöglich auch zwischen Drachenwiese und Freilichtbühne promenieren würden, bevor sie sich mit ihrem Vater, Seiner Majestät König Friedrich August III., des Abends dort ein Theaterstück unter freiem Himmel anzusehen gedächten.

Da stand nun Willy in seiner Paradeuniform und seinem Karabiner an der äußersten Ecke des Großen Gartens stramm und präsentierte zackig, wann immer Prinzessin Maria Josepha, die Schwester seiner Majestät, mit ihrem eleganten, langen Sommerkleid und dem Sonnenschirm in Begleitung einer Hofdame an ihm vorbei flanierte. Ganz offensichtlich gefiel es ihr hier auf der Drachenwiese, so weit sie auch von der Freilichtbühne entfernt war, am besten, denn sie kam immer wieder an Willy vorbei, der dort stand und das Gewehr stets aufs neue präsentieren musste, bis sie ihn anschaute und hauchte: „Sie müssen jetzt nicht mehr präsentieren, Soldat!" – „Jawohl, Königliche Hoheit! Nicht mehr präsentieren!" antwortete da Willy und wunderte sich im Stillen, dass ihm dieser Satz – angesichts der hohen Stellung Ihrer Hoheit – fehlerfrei und ohne sich zu versprechen, laut und deutlich von den Lippen gekommen war.

Natürlich machte diese Geschichte in der Kompanie sofort ihre Runde – und am nächsten Wochenende freuten sich Vater Ernst Paul und Mutter Bertha Franziska wie die Schneekönige, dass ihr Sohn mit einer leibhaftigen Prinzessin gesprochen hatte. War sie nicht menschenfreundlich und mitfühlend, unsere Prinzessin, so wie unser ganzes Königshaus?

Da der Gefreite Willy Schlieder im übrigen im täglichen Dienst – zumal auf einer Unteroffizierstelle, wiewohl mit Gefreiten-Gehalt – stetig gute Leistungen in Waffenkunde und im vaterländischen Unterricht zeigte sowie sportlich durchtrainiert und belesen war, wurde er bereits nach einem Jahr, zusammen mit seinen neuen Freunden, dem Gärtner Albert und dem Buchdrucker Friedrich, zur Unteroffizierausbildung abkommandiert. Da er Augen hatte wie ein Luchs und daher gut schoss, war es ihm schon zuvor gelungen, die *Schießschnur* zu erwerben. Das alles gefiel auch seinem Lehrgangsleiter und so war es kein Wunder, dass er die Unteroffizierprüfung als einer der Besten bestand.

Nach einer kurzen Bewährung als Führer einer Infanteriegruppe in der Grundausbildung wurde denn Willy, zusammen mit seinen beiden Freunden und einigen weiteren Unteroffizier-Anwärtern, am 1. Oktober 1911 vor der angetretenen Kompanie durch den Kompaniechef zum Unteroffizier befördert. Welch ein Tag!

Das wurde denn am Abend in der Unteroffizierskantine gehörig begossen – wenn auch in Maßen, denn am nächsten Tag hieß es früh aufstehen: Das Regiment sollte ausrücken, um die Aufstellung für die nächste Parade vor Seiner Majestät zu üben.

Beim morgendlichen Antreten vor dem Kompaniegebäude, kurz bevor die Kompanie abrücken sollte, indes gab der Spieß bekannt: „Seine Majestät, König Friedrich August, hat zugestimmt, dass zum weiteren Ausbau der deutschen Militärmission im Osmanischen Reich ein Offizier der Artillerie sowie ein Infanterie-Unteroffizier aus unserem Regiment an die deutsche Botschaft nach Konstantinopel abkommandiert wird. Für diesen Posten ist der Unteroffizier Schlieder vorgesehen. Schlieder im Anschluss an die Parole zu mir!"

Nach Konstantinopel! Hatte das nicht etwas mit „Tausend und eine Nacht" zu tun?, fragte sich Willy auf dem Weg zum Spieß und glaubte, sich dunkel daran zu erinnern, dass er vor mehr als zwei Jahren in einer Zeitung bei Meister Kühne gelesen hatte, dass der preußische Generaloberst von der Goltz im Mai 1909 in die osmanische Armee berufen worden war, und dass deutsche Waffen in großem Umfang in die Türkei geliefert worden waren; auch über den Bau der Anatolischen Bahn und der Bagdadbahn hatte die Zeitung berichtet.

Tanzten die türkischen Frauen vor ihren Männern nicht einen Bauchtanz? Trugen die Männer in diesem seltsamen, fremden Lande nicht eine rote Kopfbedeckung, die man *Fez* nannte? Und rauchte man dort nicht die Wasserpfeife?

Doch der Spieß machte kurzes Federlesen, gab Willy den Marschbefehl und instruierte ihn, sich am nächsten Montag um 09.00 Uhr bei dem Herrn Oberleutnant von Prittwitz im Regimentsstab zu melden und im Übrigen seine Ausrüstung feldmarschmäßig zu packen, um sie beim Abmarsch am folgenden Dienstag – per Eisenbahn – mitzuführen. Beim Rechnungsführer sollte er außerdem 50 Mark empfangen: Das sei der Abschlag auf den Extra-Sold für den ersten Monat in der Türkei sowie für Unvorhergesehenes. Über München und durch den Balkan sollte die Reise gehen – per Eisenbahn – und da könne man natürlich nie wissen …

Zwei Jahre sollte er „dort unten" bleiben, bis zum Ende seiner Dienstzeit also; sein Gehalt in Konstantinopel würde 75 Mark im Monat betragen, dazu komme Beköstigungsgeld in unbekannter Höhe. „Das wird die Militärmission schon regeln", meinte der Spieß und entließ Willy mit einem freundlichen Schlag auf die Schulter. „Dass du mir aber die Waffenkammer ordentlich übergibst, Willy – der Albert wird dein Nachfolger. Du kannst ihn dir gleich mitnehmen. Morgen Abend meldet ihr mir Vollzug und den Rest der Woche kannst du frei nehmen; du wirst dich von deinen Eltern verabschieden wollen und vielleicht von deiner Braut …"

Eine Braut hatte Willy zwar nicht, wenngleich er durchaus ein Auge auf ein hübsches Mädchen geworfen hatte: als er vor gut anderthalb Jahren, im März 1910, die Ausarbeitung zu seinem Gesellenstück, d.h. die Gebrauchsanweisung zu ihrem Fahrrad, bei Frau Nitzsche in Löbtau abgegeben hatte, saß da deren Tochter im Wohnzimmer und stickte. Blond war sie und ihrem Aussehen entsprechend musste sie etwa 18 Jahre alt gewesen sein. Sogar ins Gespräch waren sie kurz gekommen, als ihre Mutter ins Schlafzimmer gegangen war, um das Geld für die Reparatur ihres Fahrrads zu holen. Weißnäherin habe sie gelernt, hatte sie verraten, aber momentan sei sie ohne Arbeit und deswegen sei sie dabei, ihre Initialen auf die Handtücher ihrer Aussteuer zu sticken; später würde sie noch die Servietten mit ihrem Monogramm versehen. „FN" für „Frida Nitzsche". Ihr Name sei „Frida", aber ohne „e", hatte sie gesagt, doch das könne man bei den Initialen sowieso nicht sehen … und hatte ihm stolz das Ergebnis ihrer letzten Stickerei gezeigt: ein schwungvolles „F" und ein schön geformtes „N", rot auf weißem Grund. Demnächst werde sie noch sechs Servietten besticken und ein Übertuch: „Ohne Fleiß kein Preis" würde sie da hinein sticken, wahrscheinlich mit blauem Stickgarn, wenn sie welches auftreiben könne, aber irgendwoher werde sie es schon bekommen.

*Monogramm von Frida Nitzsche, mit dem sie
ab 1910 die Handtücher ihrer Aussteuer bestickte*

Sogar wieder gesehen hatte sie Willy, als er vor Kurzem mit seinem Fahrrad über den Nostitz-Wallnitz-Platz fuhr, denn da wohnte Frida bei ihren Eltern, dem Nähmaschinenfabrikarbeiter Moritz Wilhelm Nitzsche und dessen Ehefrau Ida Emilie. Auf einer Bank unter einer hohen Linde hatte sie gesessen und, wie bei ihrer ersten Begegnung schon, gestickt.

Er hatte sich ein Herz gefasst, kurz angehalten und gesagt, dass es ihn freue, sie wieder zu sehen und wie es ihr denn gehe? „Nu, ich stigge immer noch, und blaues Garn hab'ch ooch begomm' …", hatte sie gesagt und war einem kleinen Schwatz wohl durchaus nicht abgeneigt gewesen …

Vielleicht sollte er unter irgend einem Vorwand doch bei ihren Eltern vorsprechen; wer weiß, vielleicht würde er Frida dort treffen? Sicher würde es sie interessieren, wenn er ihr sagte, dass er nun Unteroffizier bei der Infanterie und in die Türkei versetzt sei. Doch was für einen Grund für seinen Besuch sollte er anführen? Einfach sagen, dass er Frida sehen und einen Plausch mit ihr halten wollte, schickte sich nicht; das würde er geschickter einfädeln müssen.

Da kam ihm eine Idee; eine geniale Idee, wie ihm schien, und die wollte er gleich in die Tat umsetzen.

Doch zunächst fuhr er mit seinem Fahrrad nach Oberrathen zu seinen Eltern, denn bei ihnen und allen übrigen Verwandten im näheren Umkreis würde er sich verabschieden müssen: Immerhin würde er zwei Jahre in der Türkei verbringen, und an Heimaturlaub während dieser Zeit war da wohl nicht zu denken.

Natürlich herrschte dort helle Aufruhr, als er seine Neuigkeiten verkündete …

„Da wer'n mer dich ja wohl in der nächsten Zeit gar nich' mehr seh'n, Willy …!", jammerte Mutter Bertha Franziska, doch sein Vater, Ernst Paul, sah das schon pragmatischer: „Da wirste awer 'en scheen' Batzen Geld schbar'n gönn', noch dazu wo de jetz' sogar Underoffizier bist! Reschbegt, mei Gudsder! Bass' mer awer bloß uff da unden, wer weeß, was da alles bassier'n gann …"

Natürlich buk Bertha Franziska einen Streuselkuchen zum Abschied und als er dann mit seinem Fahrrad am Sonntagnachmittag zurück fuhr, waren beide Satteltaschen voller Kuchen und sonstigem Proviant: sogar ein Einmachglas voller Stachelbeeren war dabei und eine Seite Speck; wer weiß, wer den gestiftet hatte …

Natürlich winkten alle, bis sie ihn nicht mehr sehen konnten, als er am Ortsausgang von Oberrathen hinter einer Biegung verschwand.

Nachdem er seinen Proviant in seinem Spind verstaut hatte, fuhr er schnurstracks zum Nostitz-Wallwitz-Platz, zum Eckhaus mit der Nummer 1, denn da wohnte Familie Nitzsche.

„Nu, is das nich' der Willy, der mir damals mei' Fahrrad beim Meister Kühne rebariert hat?" meinte Frau Nitzsche und blickte mit Wohlgefallen auf seine Uniform. „Schmuck siehste aus, Willy! Gomm nur rein, ich wär' glei' mal mein' Mann hol'n!"

Doch da erschien auch schon Moritz Wilhelm Nitzsche in der Tür, ein stämmiger, jovialer Endvierziger, mit gemütlichem Schnauzbart, eine Pfeife im Mund.

„Nu, was hammer denn da für'n Besuch? Das Milidär! Is etwa der Griech ausgebroch'n? Muß'ch nu etwa ooch zu d'n Fahn'?", fragte Moritz Wilhelm gut gelaunt. Irgendwie gefiel ihm dieser adrette, junge Mann. „Gomm Se 'rein in die gude Stuwe und sachense was se uff' m Herzen ha'm."

Natürlich war Mutter Ida Emilie sofort klar, worum es sich hier drehte, denn der Schwatz ihrer Frida mit Willy war ihr nicht verborgen geblieben, und natürlich hatte sie ihrem Mann nicht davon erzählt.

„Die Sache is die …", begann Willy, durchaus umständlich, „… mich ham se für zwee Jahre nach Gonstandinobel ins Osmanische Reich versetzt und morchen früh muss'ch losfahr'n.

Nu hab'ch mer damals beim Meesder Kühne, wie'ch noch Lehrling war, ä Fahrrad gebaud, das'ch jetz' dabei hab' und nach da unden gann'chs doch ni mitnehm'. Mit Saddeldaschn un all'n Schigah'n.

Und da hab'ch mer gedacht, vielleicht gönn' Se das ja zwee Jahre lang für mich uffbewahr'n; nadierlich gönn' Se ooch druff fahr'n, wenn Se geen eech'nes Fahrrad ha'm. In Oberrathen bei mein' Eldern gonnt'ch's ni lassen, denn ich musste ja wieder zurück nach Dräsdn. Und das Stück von hier in die Gaserne gann'ch schon zu Fuß loofen …"

„Meense wirklich, dass Se Ihr Fahrrad so lange bei uns lassen woll'n?", meinte da Moritz Wilhelm – doch die Idee gefiel ihm durchaus, denn sie hatten in der Tat nur das Damenfahrrad, mit dem seine Frau zum Einkaufen fuhr. Er selbst konnte sich kein eigenes Fahrrad leisten, denn er hatte zwei Töchter zu versorgen und sein Lohn als Nähmaschinen-Fabrikarbeiter war alles andere als üppig.

Und Unteroffizier war der junge Mann auch – in der Türkei würde er sicher einen Batzen Geld auf die hohe Kante legen können – und wer weiß …

Dass er nicht wegen ihm gekommen war, war ihm natürlich klar; Frida war immerhin mittlerweile 19 ½ Jahre alt – oder sollte er wegen Liddy hier sein? Die war auch schon 17 …

Da meinte Ida Emilie, zu allererst müsse man ja wohl mal einen Kaffee trinken, dabei könne man das alles besprechen. Natürlich waren auch Frida und Liddy mit von der Partie und beide machten einen Knix und erröteten, wie es sich geziemte.

„Ich wärde Ihn' schrei'm, wenn'ch da unden angegomm' bin", meinte Willy, „Ihre Adresse hab'ch ja …"; doch das galt natürlich vorwiegend Frida und die meinte gleich: „Dann gannste mir ja deine Adresse schigg'n. Ob das wohl lange dauern wird?"

„Nu, zwee bis drei Wochen wird's schon dauern, aber ich habe gehört, dass da sowas wie'n Gurierdienst eingericht' wer'n soll, gann sein dass es dann schneller geh'n gönnde …"

Und so waren alle schnell zufrieden: Willy und Frida, dass nun die berechtigte Aussicht bestand, dass sie sich schreiben können würden, Moritz Wilhelm, dass er jetzt zwei Jahre lang ein schmuckes, bestens gepflegtes Fahrrad – noch dazu mit Satteltaschen! – würde fahren können und Mutter Ida Emilie, dass sich da etwas anzubahnen schien …

Willy jedenfalls gefiel ihnen allen und die Uniform war wirklich schick! Die Türkei war zwar weit weg, doch interessant würde das auf jeden Fall und nach zwei Jahren wäre er ja wieder hier. Klar, dass man sich dann häufiger würde sehen können.

So ließ denn Willy sein selbst gebautes Fahrrad bei Moritz Wilhelm Nitzsche am Nostitz-Wallwitz-Platz No. 1, marschierte zu Fuß zur Kaserne zurück und meldete sich am nächsten Morgen mit Gepäck im Regimentsstab bei Oberleutnant von Prittwitz. Mit diesem fuhr er wenig später per Droschke zum Bahnhof und von dort mit einigen weiteren Offizieren und Soldaten von anderen Regimentern per Eisenbahn in Richtung Konstantinopel. Die Herren Offiziere erster Klasse, versteht sich, die Unteroffiziere zweiter Klasse, die Mannschaften in der Holzklasse.

Eine lange und beschwerliche Reise!

Die Fahrt ging über Prag – Wien – Budapest – Belgrad und Sofia bis zur Müsir-Ahmet-Pasa-Station, mitten in Konstantinopel. Für die knapp 3.000 Kilometer benötigte der Zug, einschließlich einiger Verspätungen, etwa 72 Stunden, das waren immerhin drei Tage und Nächte. Natürlich gab es keine Schlafwagenabteile, so dass an Schlaf – außer einem Vor-Sich-Hin-Dösen – nicht die Rede sein konnte. Der Speisewagen war nur für Reisende der ersten Klasse vorgesehen, so dass es auch mit der Verpflegung mehr als haperte. Willy indes hatte ja außer dem Wasser in seiner Feldflasche Mutter Bertha Franziskas eingeweckte Stachelbeeren, Trockenobst und die ganze Speckseite aus Oberrathen dabei; Brot und frisches Obst konnte auf den diversen Bahnhöfen erstanden werden. Andere, die weniger vorsorglich ausgestattet waren, mussten Kohldampf schieben.

Dennoch war die Fahrt, speziell die Strecke durch den Balkan, für die meisten Reisenden ein besonderes Erlebnis.

Für Willy war die Reise denn auch ein Abenteuer der besonderen Art, denn er hatte natürlich – wie die meisten jungen Männer seines Alters – die meisten Karl-May-Bücher, von denen ja einige auf dem Balkan spielen, noch vor wenigen Jahren geradezu verschlungen; nun aber fuhr er leibhaftig *durch die Schluchten des Balkan*, ganz in der Nähe lag das *Land der Skipetaren* und hatte nicht auch der *Schut* in dieser Gegend sein Unwesen getrieben? Und tanzten sich in Konstantinopel nicht auch Derwische in Trance?

Karl Mays *Derwisch* hatte er noch in lebhafter Erinnerung, ebenso wie *Von Bagdad nach Stambul* – nur dass er momentan zum Endpunkt dieser abenteuerlichen Reise unterwegs war; doch wer konnte schon wissen, was noch alles kommen würde? Schließlich war die Bagdad-Bahn im Bau …

Nur schade, dass Frida das alles nicht sehen konnte und dass er sein Fahrrad nicht hatte mitnehmen können, denn das würde er in Konstantinopel ganz sicherlich gut gebrauchen können. Doch Frida würde er schreiben und deshalb hatte er beschlossen, ein Tagebuch zu führen, in dem er seine zweifellos folgenden interessanten Eindrücke und Erlebnisse festhalten würde.

Doch dann war das Träumen zunächst einmal zu Ende und alle Soldaten wurden von einem Leutnant und einigen Unteroffizieren der deutschen Militärmission in Empfang genommen, die Offiziere per Kutsche weiter transportiert und alle Übrigen auf Leiterwagen, die durch die deutsche Militärmission angeheuert worden waren, verfrachtet und in einer Kaserne in der Nähe des Top Kapi-Palastes untergebracht.

Am nächsten Tag erfolgte die Zuweisung der verschiedenen Funktionen, wobei Willy im Großen und Ganzen die gleichen Aufgaben zugeteilt bekam, wie schon in Dresden. Er hatte eine Waffenkammer zu führen; zusätzlich sollte er, zusammen mit anderen Unteroffizieren, türkische Soldaten an deutschen Handwaffen ausbilden, denn noch vor Kurzem waren 500.000 Gewehre und 50.000 moderne Karabiner der Typen *Mauser* und *Loewe* an das türkische Heer geliefert worden, wie es hieß.

Zuständig für den Innendienst war, wie schon in Dresden zuvor, ein „Spieß" und insgesamt waren alle Unteroffiziere und Mannschaften der „Stabskompanie am Bosporus" unterstellt. Deren Chef, Hauptmann von Bülow, begrüßte sie am nächsten Morgen tatsächlich leibhaftig und gab dabei eine kleine Einweisung in die Sitten und Gebräuche der türkischen Freunde. Das Essen sei anders hier als zu Hause, aber auch gut, meinte der Hauptmann; auch sei es zu empfehlen, tagsüber viel zu trinken, denn es sei deutlich wärmer hier als zu Hause. Ayran sei ein besonders gutes Getränk, etwa der Buttermilch zu vergleichen. Bier oder Wein hingegen sei hier nicht zu haben, denn der Islam verbiete solcherlei berauschende Getränke. Auch auf einen Sprachkurs wurde hingewiesen, an dem man auf freiwilliger Basis teilnehmen konnte. Und was besonders wichtig war: vor Kurzem sei ein regelmäßiger Kurierdienst eingerichtet worden; dem konnte man Post in die Heimat mitgeben – zu Inlandsposttarifen!

Kein Wunder also, dass Willy das noch am selben Tage ausprobieren wollte und so schrieb er zwei lange Briefe – an Frida, versteht sich, zuerst und dann an seine Eltern.

Frida aber legte er ein Bild bei, das er vor einem knappen halben Jahr in Löbtau hatte anfertigen lassen: in Zivil, im (geliehenen) Gehrock und mit ernster Miene. Selbstbewusst, aufstrebend, ganz junger Herr und die Zukunft fest im Blick.

Richard Willy Schlieder,
im Alter von 20 Jahren, aufgenommen
im Atelier Otto Martin, Dresden-Löbtau, im Mai 1911

„Liebe Fridel!", hatte er geschrieben, „Nun bin ich also nach drei Tagen Bahnfahrt hier in Konstantinopel angekommen. Die Fahrt hierher war äußerst interessant und ich musste auf dem Balkan immer an die Abenteuerbücher von Karl May denken, als wir durch diese grandiose Landschaft fuhren. Das lange Sitzen war ja nicht gerade sehr angenehm und richtiges Essen gab es auch nicht, aber da mich meine gute Mutter ja mit Reiseproviant ausgestattet hat, war das zu ertragen.

Weil ich mir vor Antritt der Reise eine Landkarte besorgt hatte, konnte ich immer mit verfolgen, wo wir gerade waren; nur im südlichen Teil von Serbien und in Bulgarien haperte das manchmal, weil ich ja die kyrillischen Buchstaben auf den Bahnhofsschildern nicht entziffern konnte.

Trotzdem konnte man einiges verstehen: so habe ich z.B. auf dem Bahnhof von Sofia in Bulgarien das Schild „Pectopan" gelesen und mich gewundert, was das wohl heißen mochte und warum das da stand, denn der Ort hieß ja Sofia, so viel stand fest. Bis uns dann in weiteren Bahnhöfen, durch die wir kamen, das selbe Wort immer wieder auffiel. Da meinte auf einmal einer unserer Mitreisenden, der so eine Art Sprachkursus für Russisch (!) dabei hatte, „Mensch Kameraden, das heißt doch ‚Restaurant'! Das ist nur auf kyrillisch geschrieben! Das kyrillische ‚P' entspricht dem lateinischen ‚R' und das ‚c' ist unser ‚s'. Das ‚e', das ‚o' und das ‚a' wird so geschrieben wie bei uns, und dann kann man sich den Sinn ja zusammen reimen!"

Jetzt bin ich aber gespannt, wie sich das hier unten entwickeln wird.

Gesehen habe ich bislang noch nicht viel von der Stadt, außer den vielen Moscheen mit ihren Minaretten, an denen wir auf dem Transport vom Bahnhof in unsere Kaserne vorbeigekommen sind. Die Minarette sind schlanke, weiße Türme neben den Moscheen, von denen der Muezzin zu bestimmten Zeiten morgens, mittags und abends zum Gebet ruft, ganz wie bei Karl May beschrieben. Ansonsten habe ich von der Stadt, die ja riesengroß zu sein scheint, noch nichts gesehen, denn wir hatten ja bisher nur Dienst. Am Sonntag sollen wir aber Ausgang haben; da sollen wir unter der Führung unseres Leutnants, zusammen mit einigen, die schon länger hier sind, ein paar Sehenswürdigkeiten gezeigt bekommen. Zur *Hagia Sophia* wollen sie mit uns gehen; das soll mal die größte christliche Kirche der Welt gewesen sein, bis sie dann, nach der Eroberung der Stadt durch die Türken 1453, zur muslimischen Moschee geworden ist. Gegenüber soll die *Blaue Moschee* stehen; aber in die Moscheen werden sie uns wohl nicht hineinlassen, denn wir sind in ihren Augen ja „Ungläubige" und die haben in den Moscheen nichts zu suchen.

Dann würde mich natürlich auch der *Große Bazar* interessieren; da soll man alles kaufen können, was es auf der Welt so gibt. Na, wir werden sehen. Ich bin gespannt.

Jetzt habe ich aber die ganze Zeit nur von mir geschrieben. Ich hoffe, dass es Dir gut geht! Bist Du denn mit Deiner Stickerei jetzt fertig? Hast Du denn eine Arbeitsstelle gefunden? Du hattest mir doch letztens gesagt, dass Du eventuell eine Stelle als Weißnäherin in Löbtau bekommen könntest. Das wäre ja wirklich schön, denn dann könntest Du Dir etwas Geld zurücklegen.

Grüße Deine Eltern recht schön von mir. Dir selbst auch herzliche Grüße aus diesem fernen Lande.

Sobald ich weiß, wie hier alles abläuft und etwas klarer sehe, melde ich mich wieder.

Dein Willy.

P.S. Ich habe Dir eine Photographie von mir beigelegt, damit Du noch weißt, wie ich aussehe (obwohl wir hier ja nur Uniform tragen, aber ein Bild in Uniform habe ich noch nicht). Ob Du mir wohl auch ein Bildchen von Dir schickst?
D.W."

So sehr Willy nun allerdings zweifelte, ob das mit dem Transport seines Briefes durch den neu eingerichteten Kurierdienst auch klappen würde, muss sein Schreiben wohl recht schnell in Dresden angekommen sein, denn nach weniger als zwei Wochen lag bereits ein Antwortschreiben vor. Frida hatte sich sehr über seinen Brief und das fesche Bild gefreut. Natürlich hatte sie auch eines von sich beigefügt.

Er solle nur weiter so interessante Briefe schicken, denn von Konstantinopel habe sie zuvor noch nichts weiter gehört, abgesehen davon, dass man ja auf der Schule gelernt habe, dass dort der Sultan herrscht; einen Harem solle er haben und die Männer rauchten Wasserpfeife: ob das denn stimmte?

Letzteres konnte Willy denn auch in seinem nächsten Brief bestätigen, denn bei ihrem ersten gemeinsamen Ausgang waren sie nach einem Spaziergang zur *Hagia Sophia* und zur *Blauen Moschee* auch in einem Café-Haus gewesen, in dem sie alle Apfel-Tee getrunken und türkische Süßigkeiten gegessen hatten; dort hatten sich die Meisten auch an einer Wasserpfeife versucht: *Nargile* hieß dieses merkwürdige Instrument; andere nannten es *Schischa*. Aus Persien solle es ursprünglich stammen und der Tabakrauch solle durch den langen Schlauch und die Wasserkühlung angenehmer schmecken und die Luftröhre weniger reizen als das Rauchen von Zigarren, Zigaretten oder herkömmlicher Pfeife. Aber auch türkische Zigaretten und Zigarren seien angenehmer im Geschmack. Sicher lag das an der anderen Tabaksmischung, vielleicht auch an irgendwelchen geheimen Zusatzstoffen: wer konnte das schon so genau sagen?

„Was den Harem des Sultans anbelangt, so kann ich darüber nur mutmaßen", schrieb Willy, „denn natürlich kann man sich den nicht ansehen. Die Frauen sind hier jedenfalls alle verschleiert und laufen in langen Gewändern umher. Die meisten Männer tragen Pluderhosen und eine rote Kopfbedeckung, den *Fez*. Bevor sie in eine Moschee gehen, müssen sie sich die Füße waschen – dazu gibt es vor den Moscheen kleine Brunnen mit Bänken, auf die man sich dazu setzen kann – aber mit einem richtigen Türken habe ich bisher noch nicht gesprochen; nächste Woche sollen wir aber die ersten Türken am neuen Karabiner ausbilden – na, das wird sicherlich ein Spaß, denn wir können kein Türkisch und die Türken können kein Deutsch. Ob sie da wohl einen Dolmetscher mitbringen? Aber so schwierig wird es schon nicht werden, denn wir machen ihnen eben alles vor und sie müssen es nur noch nachmachen, so lange, bis sie es können.

Aber vorsichtshalber habe ich schon ein paar Worte Türkisch gelernt; hier eine kleine Tabelle (unser Kompaniechef hat sie ans Schwarze Brett hängen lassen. Dabei haben sie das Türkische in lateinischer Schrift geschrieben – obwohl das ja normalerweise in arabischen Schnörkeln geschrieben wird, bloß das kann ja keiner lesen! Vielleicht wird die lateinische Schrift ja hier unten auch irgendwann mal eingeführt …):

Türkisch	Deutsch
Iyi günler	Guten Tag
Günaydin	Guten Morgen
Allah ismarladik	Auf Wiedersehen (sagt der, der geht)
Güle Güle	Auf Wiedersehen (sagt der, der bleibt)
Tesekkür ederim	Danke
Lütfen	Bitte
Scherefe!	Prost!
Nasilsin?	Wie geht es dir?

Im Übrigen wird noch viel zu sehen sein, denn Konstantinopel ist eine riesige Stadt; mehr als 900.000 Einwohner soll es hier geben, das soll die Volkszählung von 1910 ergeben haben, aber so genau weiß das wohl keiner. Im Jahre 1897 soll die Stadt sogar 1.059.000 Einwohner gehabt haben! Noch aber ist die deutsche Hauptstadt ja doppelt so groß!

Anbei schicke ich Dir eine Postkarte von Konstantinopel (oder Stambul, wie man auch hört, aber ich glaube, das bezieht sich nur auf die Innenstadt): so kannst Du Dir die Stadt besser vorstellen. Links der Meeresarm ist das *Goldene Horn*, das Gewässer dahinter ist der *Bosporus*, der bis zum Schwarzen Meer führt, die große Moschee im Vordergrund ist die *Hagia Sofia* und das Gebäude in der Bildmitte ist die *Blaue Moschee*. In den großen Hallen mit den runden Kuppeln auf dem Dach verbirgt sich der *Große Bazar*, in den werden wir bei unserem nächsten Ausgang wohl gehen können. Dieses Mal hat das nicht geklappt, weil wir doch viel Zeit in dem Café-Haus verbracht haben.

Schickst Du mir denn auch mal eine Postkarte aus Dresden? Es wäre zu schön, wenn ich ein Bild aus der Heimat in meinen Spind hängen könnte! Ob Du wohl auch schreiben könntest, wie die letzten Fußballspiele der neuen deutschen Meisterschafts-Runde ausgegangen sind? Das Endspiel am 4. Juni in Dresden (auf dem Sportplatz an der Hygieneausstellung) habe ich mir ja mit ein paar Kameraden angesehen. Es war ein wirkliches Erlebnis. Ich bin doch sehr gespannt, ob unser diesjähriger Meister, der *Berliner Turn- und Fußball-Club Viktoria 1889* es im nächsten Jahre wieder schafft! Natürlich drücke ich dem VfB Leipzig die Daumen, wenn unser eigener Verein schon keine große Rolle spielt …

So, liebe Frida, ich hoffe, dass es Dir weiterhin gut geht, dass Du Deine Stelle als Weißnäherin nun wirklich bald bekommst und freue mich schon auf Deinen nächsten Brief oder eine Postkarte oder vielleicht ja sogar beides.

Grüße nun Deine Eltern recht schön von mir und sei selbst herzlich gegrüßt von

Deinem Willy."

*Ansichtskarte mit Blick auf Konstantinopel (Stambul)
ca. 1910 / 1911*

Es sollte nicht lange dauern und wieder traf ein Brief aus Dresden ein; die Stelle als Weißnäherin werde sie tatsächlich bekommen, schrieb sie. Anfang Januar 1912 könne sie in einer Bettenfabrik ganz in der Nähe anfangen, so dass sie jeden Morgen zu Fuß hinlaufen könne und am Abend wieder zurück; ganz neuartige

Pfaff-Nähmaschinen gebe es da und samstags werde nur bis 12.00 Uhr gearbeitet. Bezahlt werde sie auch ordentlich: ganze 30 Mark werde sie pro Monat bekommen!

Da sie nicht viel brauche, so lange sie noch bei den Eltern wohne, werde sie bestimmt 15-20 Mark im Monat zurücklegen können …

Das Türkische sei ja wirklich interessant gewesen! „Und stell Dir vor", schrieb sie, „in der Zeitung habe ich gelesen, dass in Berlin in diesem Jahre schon um die 1.200 türkische Studenten und Arbeiter tätig sind. Die meisten Arbeiter sind in der Tabakindustrie beschäftigt. Sogar zwei türkische Zeitungen sollen demnächst herausgegeben werden. In Konstantinopel soll es übrigens auch deutschsprachige Zeitungen geben; da musst Du mal sehen, ob Du gelegentlich an eine herankommst!

Nun schicke ich Dir aber vor allem eine Ansichtskarte unserer schönen Stadt, damit Du Dich immer wieder daran erinnerst, wo Deine Heimat ist …"

Ansichtskarte mit Blick von der Marienbrücke auf die Dresdner Altstadt, um 1911

Und so trafen in den nächsten Monaten immer weitere Ansichtskarten aus dem schönen Dresden am Bosporus ein und auch über die Fußball-Meisterschaftsspiele wurde regelmäßig berichtet – zwar mit stets gut 14-tägigem Zeitverzug, doch das nahm Willy gerne in Kauf, denn so war er wenigstens informiert und hatte authentischen Gesprächsstoff für die Abende mit seinen Kameraden … So kam im Laufe der Zeit ein ganzes Ansichtskarten-Album zusammen, mit dem Willy seine Heimatstadt anschaulich darstellen und seinen Kameraden erläutern konnte.

Ansichtskarte mit Blick auf den Pirnaischen Platz in Dresden, um 1912

*Ansichtskarte mit Blick auf den Fürstenzug
in der Augustusstraße aus Meißener Porzellan*

Aber auch ansonsten hielt Frida ihren Willy auf dem Laufenden: so berichtete sie Anfang Mai 1912, sichtlich entsetzt, vom Untergang der *Titanic*, die Mitte April beim Versuch, das *Blaue Band* zu erwerben, nach dem Zusammenstoß mit einem Eisberg im Nordatlantik gesunken war. Über 1000 Passagiere hätten dabei den nassen Tod gefunden …

Natürlich hatte auch Willy wieder zu erzählen: vom Gang durch den Großen Bazar und gleich anschließend durch den *Ägyptischen Bazar*, in dem die phantastischsten und wohlriechendsten Gewürze aus dem Orient, aus Afrika und den entlegensten Winkeln des Osmanischen Reichs lautstark feilgeboten wurden; dass man handeln musste, bevor man etwas kaufte und dass die Türken eigentlich allesamt sehr freundlich waren und es offensichtlich zu schätzen wussten, wenn man ein paar Worte in der Landessprache sprechen konnte.

Das Beste waren aber ganz sicherlich die türkischen Süßigkeiten! Wenn er wieder zurück versetzt werde, zum Ende seiner Dienstzeit, im September 1913, würde er ihr ein ganzes Kistchen davon mitbringen!

So sehr sich Willy auf die Rückkehr freute, so machte er sich doch allmählich Gedanken über seine berufliche Zukunft nach der Rückkehr; zweifellos ein Problem, dessen er sich annehmen musste, zumal das Ganze „aus der Ferne" geregelt werden musste. Doch noch war ja Zeit und ganz sicherlich würden ihm Frida und seine Schwiegereltern bei der Arbeitssuche helfen.

Natürlich kam hin und wieder auch Post von seinen Eltern, die sich in Oberrathen mittlerweile gut eingelebt hatten und sich an ihrer Wohnung mit Blick auf die Elbe und ihrem recht weitläufigen Nutzgarten erfreuten. Vater Ernst Paul freilich hatte immer noch mitunter Probleme mit seinen Bronchien, obwohl ihm die frische Luft im Elbsandsteingebirge gut tat. Natürlich fehlten Willys Besuche an den Wochenenden, denn dabei hatte sich Willy nützlich gemacht, wo immer er konnte; dafür kamen Hans und Dora, wenn sich das einrichten ließ und halfen im Haushalt und im Garten. So auch am 30. Mai 1912, denn da feierten Ernst Paul und Bertha Franziska ihre Silberhochzeit: vor 25 Jahren hatten sie in Frauenstein im Erzgebirge geheiratet; sie mittlerweile 50 Jahre alt, er war vor Kurzem 55 Jahre alt geworden.

Bertha Franziska und Ernst Paul Schlieder anlässlich ihrer Silbernen Hochzeit am 30. Mai 1912

Gut, dass sie einen großen Garten hatten und auch das Wetter spielte mit: so waren sie denn vormittags zum Dank-Gottesdienst in die Kirche nach Rathen aufgebrochen und danach traf sich die ganze Gesellschaft zu Kaffee, Eierschecke und Streuselkuchen im Garten. Auch der Herr Bürgermeister und der Bahnhofsvorsteher kamen zum Gratulieren. Ernst Paul trug zur Feier des Tages einen Gehrock, Bertha Franziska ein langes, schwarzes Kleid mit einem feinen, weißen Plauener Spitzenkrägelchen, das gut zu ihrem mittlerweile silbernen, hochgesteckten Haar passte. Würdig und schick sahen sie aus, als sie sich in ihrem Festgewand am Nachmittag im Garten photographieren ließen! Es wurde ein denkwürdiges, dabei auch ein freudiges Fest mit Verwandten, Freunden, Nachbarn und den Kindern; nur Willy fehlte, doch aus Konstantinopel konnte er dafür nicht anreisen, das war denn doch zu weit, und der Urlaub war knapp bemessen.

So schickten denn die Beiden Willy kurz danach einen Brief mit einer anschaulichen Schilderung dieses schönen Familienfestes, dabei ein Bild im Fest-Ornat.

Und wenig später traf ein weiterer Brief von Frida ein, die mit ihrer ganzen Familie einen ausgedehnten Sonntagsspaziergang in den *Plauenschen Grund* unternommen hatte: entlang der malerischen Weißeritz durch Potschappel hindurch bis zum Dorf Döhlen und danach auf der anderen Seite der Weißeritz über Birkigt, am Rande von Coschütz entlang und über Plauen zurück nach Löbtau. Es muss ein zauberhafter Tag gewesen sein, denn Bäume und Wiesen blühten um die Wette: „…ein Festtag des Frühlings …", wie sie schrieb und mit einigen vierblättrigen Kleeblättern und mehreren beigefügten Ansichtskarten anschaulich belegte.

„Es ist wunderschön hier", schrieb sie, „und eines Tages werden wir hier bestimmt gemeinsam spazieren gehen. Schon berühmtere Leute als wir (!) waren von dieser herrlichen Landschaft entzückt. So schrieb schon im Jahre 1800 Heinrich von Kleist an seine Braut Wilhelmine von Zenge: ‚Der Weg nach Tharandt geht durch den schönen plauenschen Grund. Man fährt an der Weißeritz entlang, die dem Reisenden entgegenrauscht. Mehr Abwechslung wird man selten in einem Thale finden. Die Schlucht ist bald eng, bald flach, bald felsig, bald grün …, bald auf das Fruchtbarste bebaut …

Die Weißeritz stürzt sich gegen die Wand eines vorspringenden Felsens und will ihn gleichsam durchbohren. Aber der Felsen ist stärker, wankt nicht und beugt ihren stürmischen Lauf …

Höher hinauf in das Thal ist die Aussicht schauerlich, tiefer hinab in die Ebene von Dresden heiter. Die Weißeritz trennt die Welt von diesem Örtchen, und nur ein schmaler Steg führt in seinen Eingang. – Eng, sagte ich, wäre das Häuschen? Ja freilich, für Assembleen und Redouten. Aber für zwei Menschen und die Liebe weit genug, weit hinlänglich genug.' "

Zur Untermalung der Dichterworte war da noch eine ganz besonders schöne Ansichtskarte beigefügt, die diese reizvolle Idylle anschaulich darstellten:

Ansichtskarte mit Kupferstich eines Landschaftsidylls im Plauenschen Grund von C.G. Hammer aus dem Jahre 1815

Es muss ein beeindruckendes Erlebnis gewesen sein, denn wie zur Untermalung ihrer Eindrücke und Gedanken hatte sie noch ein Gedicht von Wilhelm Müller, dem *Dichter des Plauenschen Grundes*, abgeschrieben und hinzugefügt:

„In der hellen Felsenwelle
schwimmt die muntere Forelle,
und in wildem Übermut
guckt sie aus der kühlen Flut,
sucht, gelockt von lichten Scheinen,
nach den weißen Kieselsteinen,
die das seichte Bächlein kaum
überspritzt mit Staub und Schaum.
Sieh doch, sieh, wie kann sie hüpfen
und so unverlegen schlüpfen
durch den höchsten Klippensteg,
grad, als wäre das ihr Weg!
Und schon will sie nicht mehr eilen,
will ein wenig sich verweilen,
zu erproben, wie es tut,
sich zu sonnen aus der Flut.

Über einem blanken Steine
wälzt sie sich im Sonnenscheine,
und die Strahlen kitzeln sie
in der Haut, sie weiß nicht wie,
weiß in wohligem Behagen
nicht, ob sie es soll ertragen
oder vor der fremden Glut
retten sich in ihre Flut.
Kleine muntere Forelle,
weile noch an dieser Stelle,
und sei meine Lehrerin:

> lehre mir den leichten Sinn,
> über Klippen wegzuhüpfen, durch des Lebens Drang zu schlüpfen
> und zu gehn, ob's kühlt, ob's brennt,
> frisch in jedes Element."

Das gefiel Willy über die Maßen, und so lernte er das Gedicht auswendig, zugleich mit dem festen Vorsatz, eines Tages mit Frida im Plauenschen Grund spazieren zu gehen, am besten im Frühling.

Doch dazu musste er zu allererst wieder ins Reich zurück versetzt werden und eine Arbeitsstelle haben. Dann würde er weiter lernen und seine Meisterprüfung ablegen. Zwischendurch würde er eisern sparen und dann Frida heiraten. Dass auch sie ihn wollte, war ihm schon lange klar: daran hegte er nicht den geringsten Zweifel. Der Ausbildungsdienst in Konstantinopel indes schleppte sich recht eintönig dahin. Nicht, dass es ihn gelangweilt hätte, denn die türkischen Soldaten waren gelehrige und disziplinierte Schüler, aber je länger er in Konstantinopel verweilte, desto mehr sehnte er sich in seine Heimatstadt zurück.

So lenkte er sein Interesse im Laufe der Zeit immer stärker auf seinen künftigen beruflichen Werdegang und bat in den Briefen seine Eltern und potentiellen Schwiegereltern, sich doch einmal umzuhören, damit er sich nach seiner Rückkehr möglichst verzugslos einen Arbeitsplatz suchen könnte. Besser noch freilich wäre es, wenn er sich gleich von hier aus schriftlich um eine Stelle bewerben könnte, denn dann entstünde kein Leerlauf. Nichtstun aber war Willy ein Gräuel.

Da erschien es wie eine glückliche Fügung, dass Willy Anfang 1913 in der deutschen Zeitung in Konstantinopel eine Beilage über die jüngste Entwicklung der deutschen Zigarettenindustrie las, in der insbesondere von der Steigerung der Zigarettenproduktion in Deutschland von 60 Millionen Zigaretten in den 60er Jahren des 19. Jahrhunderts auf 11,5 Milliarden im Jahre 1912 die Rede war; außerdem wurde über den beispiellosen Aufstieg der Zweigstelle der Sankt Petersburger Zigarettenfirma *Laferme* berichtet, die – als erste Zigarettenfirma Deutschlands – 1862 in Dresden mit sieben

Mitarbeitern begonnen hatte und sich mittlerweile zu einer der größeren „Tabak- und Cigaretten-Fabriken" in Dresden entwickelt hatte. Die meisten Zigarettenfabriken verwendeten dabei ganz offensichtlich mittlerweile den leichteren und bekömmlicheren türkischen Tabak; außerdem habe man inzwischen auch die Frauen als durchaus ernst zu nehmende und den Zigarettenkonsum steigernde Klientel entdeckt.

Auch von den Striesener Tabakwerken war in dieser Beilage die Rede. Dabei wurde insbesondere der Grieche Jatzmatzi erwähnt, der 1889 sein erstes Werk in Dresden in der Blasewitzer Straße errichtet hatte. Schon 1900 war ein neuer Betrieb an der Schandauer Straße gefolgt und seit 1910 sei eine weitere Niederlassung an der Glashütter Straße erbaut worden. Ihr Erfolg sei insbesondere auf die Produktion türkischer Zigaretten zurückzuführen. Diese führten Namen wie *Hellas*, *Ramses* oder *Cheops*.

Auch von anderen, exotisch klingenden Zigarettennamen wie *Manoli* war die Rede; dabei sei die Marke *Manoli* lediglich der rückwärts zu lesende Name der Ehefrau des Fabrikanten *Ilona Mandelbaum* …

Insgesamt sei Dresden mittlerweile das Zentrum der deutschen Zigarettenindustrie; dort verdienten inzwischen 25% der Dresdner Bevölkerung (!) ihr Geld in einer der sechzig hier etablierten Tabakfabriken oder waren im Zulieferbetrieb oder im sonstigen Zigarettenhandel beschäftigt.

Eine regelrechte Attraktion sei zudem die Orient-Zigarettenfabrik *Yenidze* von Hugo Zietz, die von 1907 – 1909 in Dresden durch den Architekten Martin Hammitzsch im Stil einer Moschee erbaut worden war und seitdem als die eigenwilligste, dabei größte und modernste deutsche Zigarettenfabrik gelte; die Fabrik biete 1.500 Menschen Arbeit und sowohl die Innenausstattung der lichtdurchfluteten Produktionssäle als auch die Sozialbereiche wie die Waschräume (auf allen Etagen!), die großzügig ausgestattete Kantine und die Ruhezonen, die mit Liegestühlen ausgestattet waren, seien in ihrer Art einmalig und in jeder Beziehung vorbildlich. Die dort produzierten Zigarettenmarken hießen *Mogul*, *Murad*, *Fatima* oder schlicht *Dreipunkt*.

Die Produktion der Zigaretten war zunächst rein manuell: dabei saßen (vornehmlich) Frauen in langen Sälen und drehten die flachen, mit ovalem Querschnitt versehenen Zigaretten von Hand; allmählich aber wurden Maschinen eingesetzt, mit denen weitaus schneller und qualitativ besser produziert werden konnte.

Dabei waren, so der Werbungstext im Briefkopf der Dresdener Filiale der *United Cigarette Machine Company, Limited* aus Dresden, mit dem Haupt-Comptoir in London und einer weiteren Niederlassung in Lynchburg, Virginia (USA), immer häufiger und immer mehr Maschinen folgender Patente in Betrieb:

- *„BONSACK" – die verbesserte Originalmaschine*
- *„NEUE BONSACK" – eine nochmals verbesserte Maschine mit automatischer Tabakzuführung und gepresster Naht*
- *„CONICAL" – eine Maschine zur Herstellung von „conischen" Cigaretten mit gepresster Naht*
- *„COLUMBIA" – eine Maschine für Cigaretten mit sehr schmaler Naht*
- *„HECKENDORN" – eine Maschine zur Herstellung von Cigaretten mit geschlossenen Enden (spanische Form)*
- *„U.E." – eine Maschine wie die Letztere, nur kleiner; produziert 200–225 Cigaretten pro Minute*
- *„UNIVERSAL" – macht 5–600 Cigaretten pro Minute mit schmaler Naht*
- *„U.K." – Construktion wie die Letztere, nur kleiner; macht 300 Cigaretten pro Minute; kann mit Belagapparat für Gold- und Korkmundstück-Cigaretten kombiniert werden.*

Die letzten beiden Maschinen seien mit automatischer Tabak-Zuführung, einem Falz- und Klebeapparat sowie verbessertem Abschneideapparat ausgestattet …

Das klang interessant, meinte Willy, gerade das Richtige für einen Feinmechaniker wie ihn; technisch anspruchsvoll, dabei sauber, elegant und offensichtlich mit brillanter Zukunft: und all das in Dresden!

Also galt es, sich zu bewerben und zwar schnell!

Und so schickte er Bewerbungen an alle Zigarettenfabriken in Dresden, deren Adressen er ausfindig machen konnte: säuberlich in Sütterlin geschrieben, unter Angabe seines Dienstgrades mit dem Zusatz „1. (Königlich-Sächsisches) Leib-Grenadier-Regiment Nr. 100" sowie seiner Adresse bei der deutschen Militärmission in Konstantinopel und unter Beifügung seines Lebenslaufs und der Schilderung seiner vierjährigen Ausbildung als Fahrradmechaniker bei Meister Kühne in Dresden-Cotta nebst seiner halbjährigen Gesellentätigkeit daselbst.

Das muss – trotz seiner mangelnden Erfahrung im Zigarettenmetier – Eindruck gemacht haben, denn er bekam recht schnell Antwort: die Fabrik Türkischer Zigaretten *A.M. Eckstein & Söhne* würde ihn nach seiner Entlassung aus dem Militärdienst am 1. Oktober in ihrer Dresdner Filiale in der Bamberger Straße 4-8 zu einem Vorstellungsgespräch empfangen und bei Eignung, wovon man ausgehe, zum Zigarettenmaschinenführer ausbilden. Auch könne er im dortigen Werk, nach entsprechender Weiterbildung und nach Absolvierung der erforderlichen Prüfungen, weiter aufsteigen. Ganz offensichtlich handelte es sich hier um einen Betrieb, der expandierte und demzufolge Mitarbeiter suchte.

Auch von anderen Zigarettenfabriken kamen Antwortschreiben, bei denen man durchaus auf Interesse schließen konnte; doch die Bamberger Straße lag ganz in der Nähe des Nostitz-Wallwitz-Platzes! In dessen Nähe würde er sich eine Wohnung suchen, so dass er jeden Morgen mit dem Fahrrad zu seiner Arbeitsstelle – und gelegentlich zu Frida – fahren könnte …

Unter diesen Umständen sah Willy seinem weiteren Aufenthalt in Konstantinopel gelassener entgegen als zuvor, sparte weiterhin seine Auslandszulage und gelegentlich noch weit mehr als diese, so dass er Mitte 1913 auf Ersparnisse von gut 1.300.- Mark blicken konnte. Das freilich war nicht allen seinen Kameraden gelungen, die einen großen Teil ihres Soldes in Kaffeehäusern, für Darbietungen gewagter Bauchtänze und dergleichen sowie für den einen oder den anderen Urlaub durchgebracht hatten.

Ein gutes Startkapital, sagte sich Willy im Stillen, das sich durch eiserne Disziplin und weiteres Sparen in den nächsten Jahren sicherlich verdoppeln ließe. Das aber würde er zur Finanzierung seiner künftigen Wohnung sowie als Grundstock für seine beabsichtigte Heirat brauchen – und wer wusste schon, welche Herausforderungen die Zukunft mit sich bringen würde. „Spare in der Zeit, dann hast du in der Not" sagte sich also Willy und schrieb weiterhin in seiner Freizeit Briefe an seine Eltern – und Frida.

Diese wiederum schrieb ebenso fleißig und Ende Juni 1913 schickte sie ihm das Sonderheft der *Woche,* in dem ausführlich über die Feierlichkeiten anlässlich des 25-jährigen Regierungsjubiläums Seiner Majestät des Kaisers berichtet wurde. Der Titel der Broschüre lautete: „Festliche Tage im Kaiserhause" und enthielt wunderschöne Bilder der Majestäten, der Huldigungen der Stände, der Freien Städte, des Gala-Diners, der Vorbeimärsche und der vor Kurzem erst begangenen Verlobung der Prinzessin Viktoria Luise sowie der Vermählung der Prinzessin Viktoria Margarethe … Auch die Ansprachen des Verwesers des Königreichs Bayern, des Prinzregenten Ludwig und des Königs Friedrich August von Sachsen anlässlich der Huldigung der deutschen Bundesfürsten und der Galatafel im Schloss waren im vollen Wortlaut abgedruckt und Willy war ergriffen, als er las, was der König von Sachsen da gesprochen hatte:

„Euere Majestät haben uns schon heute Vormittag gestattet, Euerer Majestät in feierlicher Form die Glückwünsche darzubringen, die wir deutschen Bundesfürsten und die Vertreter der Senate der Freien und Hansestädte bei dem Regierungsjubiläum Euerer Majestät für allerhöchst deren Wohl auf dem Herzen tragen…

So sind denn alle hierher geeilt aus Süden und Norden, von den Grenzen der Alpen und des Erzgebirges, von Rhein, Weser und Elbe, vom Bodensee, der Nord- und Ostsee und von den deutschen Mittelgebirgen, um Euerer Majestät zu versichern, dass wir und unsere Länder in guten und bösen Tagen treu zu Kaiser und Reich stehen …"

Treu zu Kaiser und Reich wollte Willy auch fürderhin seinen Dienst verrichten, das war sein fester Vorsatz, denn schließlich war er Soldat, ja sogar Unteroffizier, Untertan Seiner Majestät des guten Königs von Sachsen und sogar Seiner Majestät des ruhmreichen Deutschen Kaisers.

Am Abend aber zeigte er voller Stolz die Bilder Ihrer Majestäten seinen Kameraden, die allesamt und spontan im Nachhinein ein Hoch auf Kaiser und Reich ausbrachten.

Wilhelm II., Deutscher Kaiser,
zu seinem 25-jährigen Regierungsjubiläum am 16. Juni 1913

Doch auch vom Sieg der diesjährigen Fußballmeisterschaften konnte Frida berichten: Am 11. Mai 1913 hatte tatsächlich Willys Favorit, der VfB Leipzig, die Duisburger Spielvereinigung mit 3:1 in München auf dem MTV 1879-Platz bezwungen.

Dann war es tatsächlich so weit und der Unteroffizier Richard Willy Schlieder wurde Anfang September 1913, zusammen mit anderen Soldaten seines Kontingents, in Richtung Heimat in Marsch gesetzt. Im Reisegepäck führte er – wie versprochen – je ein Kästchen türkischer Süßigkeiten für Frida und ihre Schwester Liddy, dazu eines für seine Mutter, eine Schachtel besonders leichter, türkischer Zigaretten für seinen Vater sowie diverse Andenken für die Geschwister und seine potentiellen Schwiegereltern.

Drei Tage später kam der Zug denn auch pünktlich, wie geplant, in Dresden an, Willy meldete sich in seiner Kompanie in der Kaserne des Königlich Sächsischen 1. (Leib-) Grenadier-Regiments Nr. 100 in der Albertstadt zurück, und dann durften alle ihren bislang nicht aufgebrauchten Jahresurlaub nehmen.

*Willys Kaserne in der Albertstadt
auf einer zeitgenössischen Ansichtskarte*

Natürlich führte Willys erster Weg zu Frida und ihren Eltern, denn er musste ja sein Fahrrad abholen, damit er damit noch am selben Tag nach Oberrathen zu seinen Eltern fahren konnte.

Und wie sich Frida freute! Zunächst natürlich über die türkischen Süßigkeiten, doch dann – und eigentlich zu allererst – über Willy selbst. Irgendwie erschien er ihr noch größer, noch schöner und viel erwachsener! Auch Moritz und Ida Nitzsche freuten sich, als sie Willy wieder sahen, denn schließlich hatten sie ja allesamt zwei Jahre lang jede Woche auf seine Briefe gewartet und waren auf seine Berichte aus einer fernen, märchenhaften Welt gespannt. Zudem war klar, dass Willy nun sein Fahrrad wieder abholen musste, denn zu allererst würde Willy zu seinen Eltern nach Oberrathen fahren wollen.

Auch diese waren ganz aus dem Häuschen, und wieder hatte Willys Mutter eine Eierschecke und einen Streuselkuchen gebacken, am Wochenende kamen Hans und Dora angereist, und die Nachbarn und der Herr Bahnvorsteher waren auch mit von der Partie.

Überall war Willy d a s Ereignis! Der Willy aus der Türkei war wieder da! Kaum zu glauben: Er sprach immer noch sächsisch! Und was hatte er nicht alles zu erzählen! Von Wasserpfeifen war da die Rede, einem riesigen Bazar, von Moscheen und Minaretten, von denen in einem eintönigen Singsang mehrfach am Tag zum Gebet gerufen wurde, von köstlichen Süßigkeiten, einem ungemein leichten Tabak, vom *Goldenen Horn*, ganzen Flotten von Schiffen, die sich aufreihen mussten, bevor sie durch den *Bosporus* segeln oder dampfen durften, von verschleierten Bauchtänzerinnen und Derwischen, die sich mit spitzen Hüten und weiten Röcken in Trance tanzten, von einer unverständlichen Sprache, die in einer noch unverständlicheren, geschwungenen, völlig unleserlichen Schrift geschrieben wurde …

Willy musste nächtelang von seinen Abenteuern und Eindrücken am Bosporus erzählen und seine Eltern waren ungemein stolz auf ihn.

Sein Vater freilich machte, trotz seiner Freude über Willys Rückkehr, gesundheitlich einen durchaus besorgniserregenden

Eindruck; er bekam immer schlechter Luft, konnte nur noch mit Mühe im Garten mithelfen und ging nur langsam und bedächtigen Schritts zum Dienst in seinen Bahnhof.

Klar, dass Willy seinen Urlaub nutzte, um zu Hause mit anzupacken. Da waren Beete umzugraben, Äpfel zu ernten, die Stangenbohnen zu pflücken, Komposterde durchzusieben, die Wiese mit der Sense zu mähen und schief gelaufene Schuhe neu zu besohlen …

Am 30. September waren dann die Uniformen und die persönlichen Ausrüstungsgegenstände abzugeben; außerdem wurde das Entlassungsgeld bar ausgezahlt. Nun war Willy wieder „Zivilist"; noch dazu einer mit gut 2.000.- Mark in der Brieftasche, ein schöner Batzen!

Anderntags meldete er sich, wie vereinbart, im Kontor der Fabrik türkischer Zigaretten von *A.M. Eckstein und Söhne* in der Bamberger Straße 4-8 in Dresden (Plauen) zu einem Einstellungsgespräch, das – ganz wie erwartet – positiv verlief und eine Woche später, am 7. Oktober 1913, wurde Willy als „Cigaretten-Facharbeiter", freilich noch zur Einarbeitung und mit dementsprechender dreimonatiger Probezeit, eingestellt.

4. Arbeit in der Zigarettenindustrie 1913 – 1917

Welch neues Umfeld!

Gleich am ersten Tag führte ihn Meister Hempel in den großen Maschinensaal, in dem die Zigarettenmaschinen in langen Reihen aufgestellt waren: auf der einen Seite der Maschinen, auf hölzernen Podesten, Frauen in langen, dunklen Kittelschürzen und hellen Hauben auf dem Kopf, auf der anderen Seite die barhäuptigen Maschinenbediener, in grauen Kitteln und mit ebenso grauen Gesichtern.

Wegen des Lärms war eine Unterhaltung nur schwer möglich; doch daran dachten die meisten ohnehin nicht, denn sie mussten sich auf ihre Arbeit konzentrieren und waren überdies so weit voneinander entfernt, dass ein Schwatz zwischendurch kaum in Betracht kam.

Alle wirkten hoch konzentriert: die Frauen auf ihren Podesten, die den Tabak in die Einfüllvorrichtungen einführen und die fertigen Zigaretten am anderen Ende in Zigarettenkistchen stapeln mussten; die Maschinenbediener gegenüber, die das mechanische Getriebe, die vielen Zahnräder und -rädchen, gusseisernen Antriebswellen und ledernen Transmissionsriemen zu überwachen hatten und bei Bedarf eingreifen mussten …

„Der Moritz hier an der ersten Maschine wird dir das alles erklären: Zuerst wirst du zusehen, wie unsere Frauen die Maschinen befüllen und die Zigaretten abpacken, dann wird er dir die verschiedenen Maschinentypen erklären, und danach wirst du an der Maschine, die der Moritz bedient, mitmachen. Pass gut auf: in einer Woche schaue ich mir an, was du kannst."

Das machte Sinn und so folgte Willy mit Interesse und zunehmendem Verständnis den Erklärungen, die Moritz abgab, packte schnell mit zu und erfreute sich im Übrigen an den überwiegend rund laufenden Maschinen, bei denen es nur selten einmal hakte oder klemmte, die aber dennoch in regelmäßigen Abständen geölt, geschmiert und gesäubert werden mussten.

Maschinensaal in der Anfangsphase der industriellen Zigarettenherstellung

Alles erschien Willy hier grundsolide und griff offensichtlich sinnvoll ineinander. Zudem war alles, trotz der vielen Menschen, die im Maschinensaal beschäftigt waren, der Unmengen Tabak, die hier zu Zigaretten verarbeitet wurden und dem ständigen Zu- und Abtransport von Tabak und fertigen Produkten, penibel sauber.

„Echt und recht", so lautete der auf der Rückseite einer jeden Zigarettenpackung aufgedruckte Slogan, und so empfand es auch Willy, denn alles war hier so, wie es sein sollte: jeder arbeitete genau und redlich, die Maschinen waren zuverlässig, die Produkte ganz wie auf den Packungen beschrieben: „Feiner Tabak. Durch und durch würzig. Ohne Filter ein ehrlicher Genuß."

Alle Eckstein-Zigaretten waren ungefiltert. Ihre Form war flach-oval: nach Inhalt und Raucherlebnis offensichtlich genau das, was der deutsche Raucher wollte, und übermäßig teuer waren sie auch nicht. Eine Zigarette kostete, je nach Klasse, 2 ½ bis 12 ½

Pfennige. Kurz: das Zigarettenrauchen kam immer mehr in Mode; selbst Frauen rauchten, und natürlich auch das Militär!

So machte sich der Kronprinz beliebt, wenn er wohlwollend-lässig aus dem fahrenden Automobil Zigarettenpäckchen den Landsern vor die Füße – und sicherlich auch manchmal vor den Kopf – warf, die allerdings brennende Zigaretten unverzüglich wegzuwerfen hatten, wenn sich der Wagen Seiner Königlichen Hoheit nahte …

Nicht wenige Zigarettenproduzenten machten sich denn die Liebe der jungen Offiziere zum blauen Dunst zu Nutze und gestalteten ihre Zigarettenwerbung entsprechend.

Werbeplakat der Firma Yenidze, Dresden, für „Salem Gold", 1913

Nach der einen Woche, in der ihn Moritz in die verschiedenen Arbeitsabläufe, Maschinenfunktionen und Wartungsarbeiten eingewiesen hatte, fühlte sich Willy zunehmend wohler und sicherer, dass dies der richtige Arbeitsplatz für ihn war: hier würde er bald jede Maschine im Schlaf bedienen können und – wer weiß – vielleicht würde er auch die eine oder die andere Verbesserung ersinnen können, denn er wollte ja Meister werden.

Sein Meister war denn auch voll mit seinen Leistungen und der aktiven Weise, in der sich Willy in die Arbeitsabläufe einbrachte, einverstanden, war von seinem technischen Verständnis angetan und freute sich über das Geschick, mit dem Willy die Maschinen bediente und bei der Wartung half.

Kein Wunder also, dass er ihm bereits nach einem Monat die Überwachung einer Maschine überließ, als deren Bediener wegen einer längeren Krankheit ausfiel.

300 Zigaretten pro Minute konnte diese Maschine ausstoßen; zudem war sie mit automatischer Tabakzuführung sowie mit Falz- und Klebeapparat ausgestattet und der Abschneideapparat war, gegenüber den meisten bisherigen Maschinen, verbessert.

„U.K." hieß die Maschine und war kleiner als die anderen Maschinen, dafür benutzerfreundlicher und ohne größere Tücken, vorausgesetzt, sie wurde regelmäßig und richtig geschmiert und geölt; auch die Spannung der Transmissionsriemen war regelmäßig zu überprüfen und zu justieren.

„Wenn auch die größeren Maschinen, die ‚Universal' zum Beispiel, die immerhin einen doppelt so hohen Zigarettenausstoß hatte, so zuverlässig wären wie die ‚U.K.', wäre das doch sicherlich ein Durchbruch", sagte sich da Willy und beobachtete und verglich die Betriebsabläufe der beiden Maschinentypen, machte sich Notizen und besprach das Ganze mit seinem Meister – und der gab Willys Beobachtungen und Vorschläge an den Betriebsingenieur weiter. Der kam hin und wieder in den Maschinensaal, machte sich seinerseits Notizen und wechselte auch das eine oder andere Wort mit Willy, wie mit den übrigen Maschinenführern, denn nur das Gespräch mit den Praktikern vor Ort konnte dazu führen, Maschinen, Abläufe und damit die Produktion zu verbessern: das war seine feste Überzeugung.

So entwickelte sich im Laufe der Zeit ein durchaus erfreuliches Arbeitsklima zwischen Willy, seinem Meister und dem Betriebsingenieur; und eines Tages, Anfang 1914, wurde er gebeten, doch einmal eine Ausarbeitung über mögliche Verbesserungen an den größeren Maschinen vorzulegen. Das war natürlich ein größeres Unterfangen – gleichwohl eine Herausforderung, der sich Willy gerne stellte, und so legte er nach einigen Monaten die gewünschte Ausarbeitung vor: um den Austausch von Zahnrädern ging es dabei, um kompaktere Transmissionsgestänge und -riemen, um bessere Kugellager und eine schärfere Schneideapparatur, um eine breitere Tabakzufuhr und höhere Drehgeschwindigkeiten der Elektromotoren.

Natürlich ließ sich das eine oder das andere nicht ohne Weiteres so umsetzen, wie er sich das vorgestellt hatte, aber insgesamt führten seine Verbesserungsvorschläge doch zu mancher technischen Änderung, die dann auch tatsächlich zu größerer Zuverlässigkeit und einem höheren Ausstoß führte.

Dann allerdings wurde Willy, wie so viele Andere, zum Kriegsdienst eingezogen. Sieben Monate lang war er wohl, Mitte 1915, beim Kampf um die Dardanellen bei Gallipoli eingesetzt, bis ihn mehrere Schrapnell-Splitter in den Rücken und ein Bein trafen: damit war für ihn der Krieg aus und er wurde als „kriegsuntauglich" entlassen.

Nach seiner Genesung setzte er seinen Dienst bei *Eckstein & Söhne* fort; dort war man froh, als er sich – mitten im Krieg – wenn auch geringfügig versehrt, zurück meldete. Willy aber wurde von seinen Vorgesetzten mit Bedacht nacheinander an allen Maschinentypen im Saal, die ihm natürlich immer noch bekannt waren, eingesetzt. Kein Wunder, dass er sich allmählich zum Fachmann für Wartung, Reparaturen und Verbesserungen entwickelte, zu einer Art „Feuerwehr", die überall da eingesetzt wurde, wo es „brannte". Auch bei der Aufstellung von neuen Geräten war Willy stets einer derjenigen, die mit Hand anlegen mussten und für das Einlaufen der Maschine zuständig waren.

So ging das drei weitere Jahre, bis er Anfang 1917 den Auftrag erhielt, nach Planungen des Betriebsingenieurs einen neuen Maschinensaal einzurichten, mit neuen Maschinen und deutlich gesteigerter Produktion. Eine Herausforderung ganz besonderer Art: doch bei erfolgreicher Durchführung würde das Ergebnis von einer Kommission der Handwerkskammer Dresden abgenommen und als Meisterprüfung gewertet.

Das überlegte sich Willy nicht zwei Mal und gemeinsam mit Moritz und einigen anderen Technikern und Handwerkern ging Willy ohne Zögern an die Arbeit.

Eine gewaltige Herausforderung! Noch dazu mitten im Krieg!

Die Gelegenheit, es nur knapp vier Jahre nach Beginn seiner Tätigkeit in der Zigarettenindustrie zum Meister bringen zu können, war in der Tat ein starkes Motiv, sein Bestes zu geben und Gedanken an etwaige, gelegentliche Freizeitaktivitäten fürs Erste zurückzustellen. Seit Ende 1914 hatten sich an allen Ecken und Enden die Preise, insbesondere für Lebensmittel, z.T. drastisch erhöht, so dass schon allein die Aussicht auf mehr Lohn als Dauerimpuls wirkte.

Irgendwie hatte Willy dennoch ein ungutes Gefühl bei dem Gedanken, hier mitten in Dresden, im schönen Sachsen und noch dazu ganz in der Nähe des landschaftlich reizvollen *Plauenschen Grundes*, einer relativ geregelten Tätigkeit nachzugehen und „im Trockenen zu sitzen", wie er sagte, anstatt – wie die meisten seiner ehemaligen Kameraden – in Frankreich oder an der Ostfront zu kämpfen. Andererseits: Zigaretten mussten auch, und gerade, im Krieg produziert werden, denn schließlich brauchten die Landser den blauen Dunst zur Entspannung.

Dafür wollte er sich allerdings besonders anstrengen und so legte er manch freiwillige Sonderschicht ein, um im Zeitplan zu bleiben und alle Maschinen schnellstmöglich zum Laufen zu bringen. Denn schließlich sollte sein Werk ja von einer Kommission der Handwerkskammer begutachtet werden …

Da starb – nicht mehr ganz unerwartet – am 27. Februar 1917 sein Vater, Ernst Paul, in Oberrathen, vormittags um 09.00 Uhr, im Alter von nur 59 Jahren und 10 Monaten an Bronchialasthma und Herzvergrößerung.

Alle waren traurig, denn Ernst Paul war ein herzensguter Mann gewesen, der keiner Fliege etwas zu Leide tun konnte und pflichttreu bis zuletzt seinen Dienst als einfacher Beamter getan hatte; ein guter Christ und braver, königstreuer sächsischer Untertan. All das hob denn auch der Pfarrer hervor, als er am 3. März, nachmittags um 15.00 Uhr, auf dem Friedhof in Oberrathen zu Grabe getragen wurde.

Damit wurde freilich die finanzielle Lage seiner Witwe noch prekärer. Der einzige Trost war, dass sie in ihrer äußerst günstigen Dienstwohnung in Oberrathen wohnen bleiben konnte, denn dort konnte sie weiterhin ihren Garten „beackern", wie sie sagte, und sich so in den Sommer- und Herbstmonaten selbst mit frischem Gemüse und Obst versorgen.

Auch Holz gab es genügend im nahe gelegenen Wald, so dass der Kamin rauchte, wenn man denn schürte. Die Versorgung mit Brennholz war ohnehin zunehmend wichtiger geworden, denn seit dem vergangenen Herbst war fast nirgendwo mehr Kohle zu kaufen, und wenn, dann zu Preisen, die sich ein Normalverdiener kaum leisten konnte. Auf Transportengpässe der Eisenbahn sei das zurückzuführen, wurde geraunt, denn die Reichsbahn musste vorrangig Munition und andere Versorgungsgüter für die kämpfende Truppe transportieren, und da gab es nur noch wenig freie Kapazitäten für Kohletransporte, etwa aus dem Ruhrgebiet oder aus Oberschlesien. Das war natürlich verständlich, sagte sich, wie viele Andere, auch Bertha Franziska, denn die Soldaten an der Front hatten selbstverständlich Vorrang. Der Ofen konnte ja tagsüber auch mit Holz beheizt werden und abends und in den frühen Morgenstunden lag man ja sowieso im Bett und brauchte keine zusätzliche Wärme.

Eine ganz andere Sache war da schon die gleichzeitig einsetzende Kartoffelkrise, denn auch Kartoffeln wurden wegen des zunehmenden Mangels an Düngemitteln knapp. Steckrüben hätten zwar weniger Nährwert, sie machten aber genauso satt und außerdem seien davon ja genügend vorhanden, hieß es.

Und so war Bertha Franziska froh, als ihr Willy bei seinem nächsten Besuch ein „Kriegskochbuch" mitbrachte, in dem reihenweise Steckrübenrezepte aufgeführt waren.

Nur eine knappe Woche später gab es schon wieder eine Todesmeldung, eine freilich, über die in allen Tageszeitungen berichtet wurde: am 8. März 1917 starb Ferdinand Graf Zeppelin, der Erbauer der nach ihm benannten Luftschiffe, 79-jährig in Berlin-Charlottenburg.

Insbesondere in den letzten Jahren war durch den Bau von Kriegsluftschiffen ein enormer technischer Fortschritt entstanden und viele waren ergriffen, als sie von seinem Tod hörten. Ein bedeutender Deutscher und echter Patriot, der schon zu Beginn des deutsch-französischen Krieges Furore gemacht hatte, als er am 24. Juli 1870 als badischer Dragoner-Hauptmann zur Erkundung des französischen Aufmarsches in das untere Elsass aufgebrochen und nach einem verlustreichen Scharmützel, dem ersten in diesem Kriege, als einziger unversehrt zurückgekehrt war. In einigen Zeitungen, die über das Leben dieses Pioniers der Luftfahrt berichteten, war auch davon die Rede.

Auch ansonsten verfolgte Willy die Meldungen zur Tagespolitik und zum Kriegsgeschehen, wie jeder zeitgenössische Patriot, mit Anteilnahme und, soweit es sich um Siegesmeldungen handelte, mit Stolz in der Brust. Dabei hatten die Berichte über das Aufbringen feindlicher Schiffe im Atlantik durch den schnittigen Dreimast-Hilfskreuzer *SMS Seeadler* unter seinem Kommandanten, Kapitänleutnant Graf Luckner, seit Dezember 1916 ihren ganz besonderen Stellenwert: Luckner war auf Gut Pennrich bei Dresden geboren, war also gebürtiger Sachse!

Indessen gedieh die Einrichtung des neuen Maschinensaals bei *Eckstein & Söhne* in der Bamberger Straße weiter und machte die gewünschten Fortschritte. So erschien denn, wie vorgesehen, Ende Mai eine Kommission der Handwerkskammer Dresden und inspizierte die neue Zigarettenbetriebsstätte unter technisch-betrieblichen und Sicherheitsaspekten. Der einzige Mangel, der freilich nicht Willy anzulasten war, bestand darin, dass keine ausreichende Anzahl von Feuerlöschern aufgestellt war; ein Mangel freilich, der schnell zu beheben war.

Weit wichtiger war indes, dass alle Maschinen funktionierten, die Geräuschkulisse wegen umfangreichen, eingebauten Dämm-Materials deutlich geringer war als im alten Maschinensaal und dass an allen wesentlichen Bedienstationen Sicherheitshinweise angebracht waren.

„Kaum zu glauben, dass das alles hier unter Ihrer Leitung, und noch dazu in so kurzer Zeit, eingerichtet worden ist und so ausgezeichnet funktioniert", meinte denn auch der Leiter der Kommission und wenig später konnte der Betriebsdirektor, Walter Mildehard, dem „Cigaretten-Facharbeiter" Richard Willy Schlieder im Rahmen einer kleinen Feierstunde bei türkischem Apfeltee, Schnittchen (*Butter-Bemmen*, wie man sie nannte) und reichlich Zigaretten die Maschinen-Meisterurkunde überreichen.

Natürlich hielt Walter Mildehard auch eine kleine, launige Rede, in der er Willys Sinn für alles Praktische, doch vor allem seine hellwache Auffassungsgabe und seinen „Erfindungsreichtum", pries: indes, „Kein Wunder …", meinte Mildehard, denn „…mir Sachsen, mir sin' helle, das weeß die ganze Welt, un' wenn mir mal dumm gugg'n, dann ham'mer uns verstellt …"

Willy aber leitete fortan den von ihm eingerichteten, neuen Maschinensaal und erfreute sich allseits großer Beliebtheit.

Am meisten jedoch freute er sich selbst, denn nun hatte er sein erstes, wichtigstes Ziel erreicht: er war Meister, ein Ziel, das er sich schon lange gesetzt hatte. Zudem bekam er in seiner neuen Funktion ein deutlich besseres Gehalt. Das war auch mehr als erforderlich, denn seit Anfang 1917 war die Inflation spürbar geworden; seit dem Sommer nahm sie geradezu explosionsartig zu.

Dennoch: Nun gab es aus Willys Sicht keine Gründe mehr, die ihn davon abhalten sollten, zu Moritz Nitzsche zu gehen und um Fridas Hand anzuhalten.

Der hatte rein gar nichts dagegen einzuwenden, auch seine Ehefrau war einverstanden, und da zuvor auch Frida zugestimmt hatte, wurde am folgenden Sonntag in der Wohnung des Eisenbohrers Moritz Wilhelm Nitzsche und seiner Ehefrau Ida Emilie, geb. Prescher, am Nostitz-Wallwitz-Platz Nr. 1 Verlobung gefeiert.

Die Wohnung platzte fast aus allen Nähten, denn alle waren gekommen: Willys Mutter war aus Oberrathen mit dem Zug angereist (als Witwe eines Bahnbeamten zu einem deutlich reduzierten Fahrpreis, sonst hätte sie sich das nicht leisten können und mit dem Fahrrad wollte sie – zumal als Frau – eine Strecke von immerhin gut 40 Kilometern nicht fahren), seine Geschwister Hans und Dora, die zu Fuß kommen konnten, sowie Willys bester Freund aus der Militärzeit in der Albertstadt. Auch die Nachbarn waren eingeladen, denn die hatten mit zusätzlichen Stühlen und Geschirr ausgeholfen.

Frida und Liddy hatten ihrer Mutter fleißig geholfen, Streuselkuchen und Eierschecke zu backen sowie Kaffee zu kochen.

Moritz Wilhelm hielt eine kleine Rede, Willys Mutter Bertha Franziska musste mit den Tränen kämpfen, denn nun würde ihr Jüngster bald heiraten – und eben erst war Ernst Paul gestorben – , und dann gaben sich Willy und Frida einen Kuss. Im Juli sollte geheiratet werden.

Dazu war allerdings eine Voraussetzung zu erfüllen: das junge Paar brauchte ein Wohnung, denn Willys „Einraumwohnung" am Seidnitzer Platz 3, gegenüber dem imposanten *Gymnasium Wettinianum*, war denn doch auf Dauer zu klein. Möglichst in der Nähe von Fridas Eltern und ihrem Arbeitsplatz sollte sie liegen, und auch nicht zu weit von Willys Arbeitsstätte.

Das erwies sich einfacher als gedacht, denn ganz in der Nähe der ehemaligen Wohnung von Willys Eltern in der Steinstraße und parallel zur Kronprinzenstraße, in der er bei Eduard Kühne den Fahrradbau gelernt hatte, in der Gohliser Straße, waren schon vor dem Krieg Wohnungen für die stark anwachsende Anzahl von Arbeitern und Angestellten gebaut worden, die zu relativ günstigen Konditionen gemietet werden konnten. Und so mietete Willy ab dem 1. Juli 1917 eine recht großzügige Drei-Zimmer-Wohnung – mit eigenem Bad und WC (!) – in der Gohliser Straße 22, im zweiten Stockwerk. Im Keller gab es eine Waschküche, für jede Wohnung einen Kellerraum und eine Abstellmöglichkeit für Fahrräder.

Die Gegend war den Beiden vertraut; zudem war es von dort nicht weit zu Fridas Eltern und auch die Zigarettenfabrik von *Eckstein & Söhne* in der Bamberger Straße konnte man von da aus bequem mit dem Fahrrad erreichen. Zur Not, etwa bei hohem Schnee im Winter, würde man auch zu Fuß gehen können.

So verbrachten denn die Beiden ab Anfang Juli ihre Abende und die Freizeit am Wochenende damit, ihre neue Wohnung einzurichten: Frida nähte, selbstredend, die Gardinen, Willy fertigte die dazu gehörenden Gardinenstangen, baute ein hölzernes Schuhregal und verschiedene Gestelle für die Vorratskammer, ein runder Tisch und vier Stühle konnten günstig bei einem Ramschladen in Löbtau erworben werden, und so war die Wohnung drei Wochen später schon fast eingerichtet, als am 21. Juli, zunächst vor dem Standesamt und danach in der Friedenskirche in Löbtau, die Hochzeit stattfand.

Pastor Richard Schulze aber legte den Beiden und der recht zahlreichen Hochzeitsgesellschaft in seiner Predigt den Trauspruch aus: „Ich und mein Haus wollen dem Herrn dienen!" (Josua 24, 15)

Ein passender Spruch, fand auch das frisch vermählte Ehepaar und Frida nahm sich vor, ihn als Prunkspruch zusätzlich auf das weiße, leinerne Überhandtuch zu sticken, das in der neu eingerichteten Küche hing; ihre Initialen hatte sie, wie in die übrigen Ausrüstungsgegenstände ihrer Aussteuer, bereits eingestickt. Selbst in den riesigen Servietten prangte schon ihr Monogramm – besonders feierlich und vornehm: weiß in weiß!

Zunächst aber wurde gefeiert: bei Fridas Eltern in der umgeräumten Wohnung, des Platzes wegen. Dabei kamen natürlich auch die neuen Stühle aus der Wohnung des jungen Ehepaars zum Einsatz, denn insgesamt zählte die Hochzeitsgesellschaft, einschließlich der Trauzeugen, der Nachbarn, Willys Chef und dem Herrn Pastor 20 Personen!

Zum Mittagessen gab es, trotz der teilweise prekären Versorgungslage allenthalben, nach einer kräftigen Hühnerbrühe mit Eierstich etwas ganz Besonderes: je einen Schweine- und einen Rinderbraten, nach dem Motto „Jedem das Seine"!

Dazu wurde „Leipziger Allerlei" gereicht, Blumenkohl mit Sauce Hollandaise sowie selbst gemachte Kartoffelklöße, so viel das Herz begehrte.

Trauschein anlässlich der kirchlichen Hochzeit von
Richard Willy Schlieder und Frida Nitzsche
am 21. Juli 1917 in der Friedenskirche zu Dresden-Löbtau

Zum Nachtisch wurde süß-saures Kürbiskompott serviert: das hatte Ida Nitzsche reihenweise in Einmachgläsern auf ihrem Regal im Vorratskeller gestapelt. Gut, dass sich jetzt dafür d i e passende Gelegenheit ergeben hatte!

Natürlich hatten Mutter Ida, Frida und Liddy erneut tagelang zuvor Streuselkuchen gebacken, wie zu allen Familienfeiern; wegen des herausragenden Ereignisses jedoch gab es außerdem Dresdner Eierschecke, die zu einem familiären Großereignis wie diesem natürlich nicht fehlen durfte, zusätzlich je ein Blech Stachelbeer- und Kirschkuchen. Das dazu erforderliche Eingemachte hatte Mutter Bertha beigesteuert und eigens aus Oberrathen herantransportiert. Dazu gab es Kaffee, ja sogar türkischen Apfeltee und abends wurde, dem wichtigen Ereignis gemäß und daher ganz nobel, Radebeuler Weißwein gereicht; den hatten Hans, Dora, Liddy und ihr neuer Bekannter, Helmut Lubsch aus Radebeul, der auch mit von der Partie war, beigesteuert.

Daran konnte man sich, nach zwei, drei Gläsern, trotz einer gewissen Säure durchaus gewöhnen. Alle waren in bester Stimmung und ließen das junge Paar hoch leben.

Abends wurden den Herren türkische Zigarren angeboten und selbstredend gab es Zigaretten der feinsten Sorte, natürlich von *Eckstein & Söhne*, so viel das Herz begehrte. Davon hatte Willys Chef, Walter Mildehard, mehrere Dosen mitgebracht.

Zu vorgerückter Stunde und nach mehreren Gläsern Radebeuler „Saurem" zitierten denn auch alle den Eckstein'schen Slogan:

„Feiner Tabak. Durch und durch würzig. Ohne Filter ein ehrlicher Genuß."

Willy aber hielt Maß, denn er musste aufpassen, dass man seine Braut nicht entführte.

Richard Willy Schlieder und Frida Schlieder, geb. Nitzsche anlässlich ihrer Hochzeit am 21. Juli 1917 in Dresden-Löbtau

5. Ehemann und Vater, dabei immer wieder Zigaretten
1917 – 1937

So richteten denn die Beiden im Laufe der Zeit ihr neues „Nest" immer wohnlicher ein. Als eine der ersten Anschaffungen jedoch wurde kurze Zeit nach ihrem Einzug ein nigelnagelneues *Steiners Paradiesbett* geliefert, samt *Steiners Rekord-Daunen-Decke* und zwei *Steiners Rekord-Kopfkissen*, „… denn Bettstellen, Matratzen, Polster, Kissen und Decken erfüllen die Forderungen der Hygiene, sind unter Benutzung der neuesten technischen Fortschritte einheitlich im eigenen Betriebe sorgfältig hergestellt und entsprechen dem modernen Geschmack…", wie es in einer Werbebroschüre der Paradiesbettenfabrik *M. Steiner & Sohn* aus Frankenberg in Sachsen hieß.

Seine Frau verwöhnte Willy gleich am Tag nach ihrer Hochzeit mit einem betörend nach Flieder duftenden *Parfum Lilas* von Gustav Lohse, seines Zeichens Königlicher Hoflieferant Unter den Linden in Berlin. Im Übrigen brachte er jeden Samstagmittag nach Dienstschluss einen Strauß Blumen mit nach Hause: das waren in der Regel weiße und rote Nelken, manchmal auch eine rote Rose. Bei ihren gemeinsamen, sonntäglichen Ausflügen in den Plauenschen Grund aber pflückte er ihr im Sommer regelmäßig einen Wiesenblumenstrauß, den er ihr meist mit einem selbst erdachten Gedicht überreichte. Frida revanchierte sich mit allen erdenklichen Produkten der schmackhaften Dresdner Küche, soweit sie denn in deren Zubereitung durch ihre Mutter eingewiesen worden war, und je nach den gerade auf dem Markt verfügbaren und erschwinglichen Zutaten.

Da Frida anfangs ihren Beruf als Weißnäherin weiter ausübte und nun auch Willys Einkommen recht ordentlich war, konnten sich die Beiden, trotz der geradezu hyper-inflationären Teuerung, doch hin und wieder die eine oder die andere „Spanifantel" leisten: Willy aß für sein Leben gern Schillerlocken oder in Öl eingelegte Kieler Sprotten – am liebsten wie sie waren, einschließlich Kopf,

Schwanz und Gräten –, trank dazu gern sein „Eefachbier", war aber auch einem Glas Wein am Samstagabend nicht abgeneigt.

Frida war's zufrieden, aß ihre Butter-Bemmen am liebsten mit Blutwurst, nahm aber auch gern mit einer Fett-Bemme mit Salz vorlieb, kochte am Donnerstag regelmäßig Spinat mit Spiegeleiern, Freitags Schellfisch, wenn er auf dem Fischmarkt günstig zu haben war, und jeden vierten Sonntag gab es Rouladen mit Salzkartoffeln und Rotkohl, manchmal auch Schnitzel. Zum Nachtisch wurde Eingemachtes kredenzt, anfangs aus Mutters Vorratskeller, später aus eigener Produktion. Dazu kamen im Sommer willkommene Ergänzungen aus der Natur: frische Äpfel, die man bei ausgedehnten Spaziergängen auflesen konnte, Pilze, die es in den umliegenden Wäldern oft massenweise gab, Heidelbeeren, Himbeeren, Brombeeren; kurz, was die Wald- und Buschlandschaft rund um Dresden an Köstlichkeiten zum Nulltarif zu bieten hatte.

Beide waren nicht wählerisch, einem guten Essen gegenüber im Rahmen ihrer Möglichkeiten aber durchaus nicht verschlossen.

So erschien es Willy zunächst erstaunlich, als Frida Mitte Januar 1918 plötzlich unter Appetitlosigkeit litt, sich übergeben musste und sich zeitweise regelrecht krank fühlte; mitunter hatte sie dann Appetit auf Gurken und Kuchen zugleich: ein seltsamer, zunächst unerklärlicher Zustand. Auch Frida konnte sich das nicht erklären, denn ansonsten fühlte sie sich durchaus wohl in ihrer Haut und war auch sonst nie kränklich.

Ein Besuch beim Hausarzt brachte dann die erforderliche Klarheit: Frida war in anderen Umständen und würde Ende September niederkommen.

Das war für die Beiden eine freudige Überraschung und alle Verwandten und Bekannten, die davon erfuhren, freuten sich mit ihnen.

Klar, dass Frida ihr ganzes näherisches Geschick von nun an auf ihr erstes Kind lenkte; Willy indes baute eine hölzerne Wiege und besorgte einen Kinderwagen.

Am 29. September 1918 war es dann soweit und Frida schenkte ihrem Mann einen Sohn, den sie William Manfred nannten.

Ein Sonntagskind, „vormittags um einviertel ein Uhr" geboren, wie penibel auf der Geburtsurkunde vom 30. September 1918 vermerkt.

Natürlich wurde das Kind in der Friedenskirche zu Löbtau getauft. Die anschließende Kaffeetafel fand dieses Mal in der neuen Wohnung der Beiden statt und wieder waren alle Verwandten erschienen; auch der Herr Pastor war mit von der Partie. Dieses Mal buk Frida die Eierschecke und die beiden Großmütter trugen mit Kuchen, Kaffee, selbst gestrickten Strampelanzügen und Häubchen für den Täufling das Ihre zu einem gelungenen Tauffest bei. Oma Bertha Franziska aber legte den Grundstein zu einer neuen Tradition: sie buk einen Pflaumenkuchen, denn der Pflaumenbaum in ihrem Garten hatte in diesem Jahr besonders üppig getragen.

Von nun an wurde bei j e d e m Geburtstag von William Manfred ein Pflaumenkuchen gebacken.

Manfred, denn so wurde das Kind von nun an genannt, gedieh indes – anfangs auch gänzlich ohne Pflaumenkuchen – prächtig und war alsbald im Kreise der Verwandtschaft als „das dicke Kind" bekannt. Kein Wunder, denn Manfred aß einfach alles, was er bekam und konnte trotz intensivster Fütterung nie genug von allem haben. Trotz seines Beinamens war der Knabe ein bewegliches Kerlchen, freundlich und ungemein interessiert an allem, was rings um ihn herum passierte.

Inmitten dieser kleinbürgerlichen Idylle platzte nur wenige Wochen später die Nachricht vom Kriegsende und der Ausrufung der Republik. Am 9. November 1918 hatte der Reichskanzler, Prinz Max von Baden, auf Drängen der USA, ohne irgendeine Ermächtigung und gegen den Widerstand des Kaisers, die Abdankung von Wilhelm II. bekannt gegeben; vier Tage später, am 13. November 1918, dankte auch der König von Sachsen ab. „Machd doch eiern Drägg alleene" soll er auf Schloss Guteborn bei Ruhland gesagt haben, wurde erzählt, bevor er sich auf sein Landgut Sibyllenort bei Breslau in Schlesien zurückzog.

*Geburtsurkunde von William Manfred Schlieder,
geb. am 29. September 1918 in Dresden-Löbtau*

Die meisten Bürger waren wie benommen; so auch Willy, Frida und alle ihre Verwandten und Bekannten. So sehr sie sich ein Ende des Krieges gewünscht hatten, so wenig hatten sie ein Ende der Monarchie erhofft. Im Gegenteil: Friedrich August III. war als „unser guder Geenich" beliebt im Volk und als er ging, brach für Viele eine ganze Welt zusammen.

Die brach denn auch tatsächlich zusammen, die Marine hatte schändlich gemeutert, wie sich allmählich herumsprach, alle deutschen Fürsten hatten binnen Kurzem abgedankt; das Deutsche Reich war, was kaum einer im Volke verstand – trotz des Waffenstillstands mit Russland im Osten, der einem Sieg gleich kam – besiegt und sollte eine Republik werden … Auch demokratisch sollte es zugehen, was auch immer das nun heißen mochte.

Auch das ganz private Glück der kleinen Familie währte nicht lange, denn am Neujahrstag des Jahres 1919 starb Fridas Vater, Moritz Wilhelm Nitzsche, im Kreise seiner Familie, in seiner Wohnung am Nostitz-Wallwitz-Platz 1. Auch Frida und Willy waren bei ihm gewesen, denn das neue Jahr sollte trotz der misslichen politischen und wirtschaftlichen Lage angemessen begangen werden; dann aber klagte Moritz plötzlich über Übelkeit, Schwindel und Luftnot, so dass er sich auf sein Bett legen musste, um sich auszuruhen. Kurze Zeit später, „nachmittags um einviertel sechs Uhr", konnte der eilig herbeigeholte Arzt aus der Nachbarschaft nur noch seinen Tod feststellen. Sein ohnehin schwaches Herz hatte die Aufregungen der letzten Zeit, das schmähliche Kriegsende, das Ende der Monarchie, die einsetzende Versorgungskrise, die galoppierende Inflation, und den de-facto-Verlust seiner ganzen Ersparnisse, nicht verkraftet.

Anderntags ging Willy zum Standesamt und meldete den Tod seines Schwiegervaters.

Bei seinem Begräbnis war es kalt und es goss es wie aus Kannen. „Sogar der Himmel weint", seufzte da Ida Emilie und hörte selbst drei Tage lang nicht auf zu weinen. Dazu hatte sie auch allen Grund, denn Moritz war nur 54 Jahre alt geworden, sein Gehalt als Eisenbohrer war knapp gewesen, und dementsprechend niedrig war ihre Witwenrente. Gut, dass unter diesen Umständen wenigstens Frida versorgt ist, muss sie sich gesagt haben; aber Liddy, die momentan arbeitslos war, wohnte immer noch bei ihr und die monatliche Miete musste auch bezahlt werden.

Noch aber hatte sie ausreichend Kompott im Keller und bald würde es ja wieder Sommer werden, da könnte sie Heidelbeeren, Brombeeren und Pilze sammeln. Im Herbst würde sie wieder Äpfel und Birnen auflesen und Haselnüsse, Walnüsse und Maronen würde sie im Plauenschen Grund auch wieder finden. Auch genügend Brennholz würde sie sammeln, so dass sie keine Kohle zu kaufen brauchte. All das würde dazu beitragen, dass sie über die Runden käme, wenn sie nur selbst gesund bliebe und Liddy bald heiraten würde.

Willy und Frida Schlieder mit ihrem Sohn Manfred, Anfang 1919 in ihrer Wohnung in Dresden-Cotta in der Gohliser Straße 22

So hatte denn das Jahr 1919 ebenso trübselig begonnen, wie das Jahr 1918 aufgehört hatte. Willy und Frida packten mit ihren 29 bzw. 28 Jahren das neue Jahr indes tatkräftig an und waren grundsätzlich optimistisch: sie hatten ja sich selbst und ihre Arbeitskraft. Beide standen trotz immer grotesker werdender Inflation, dementsprechend knappen Lebensmitteln und düsterer politischer Lage immer noch in Lohn und Brot. Zudem hatten sie ein gesundes Kind, das tagsüber durch seine Großmutter umsorgt werden konnte.

Gemeinsam würden sie die Zukunft schon meistern.

„Doch das Unglück schreitet schnell …", mit diesen Worten aus Schillers „Lied von der Glocke" begrüßte schon wenig später Willy seine junge Ehefrau, als er am Abend des 30. April 1919 nach Hause kam, in der Hand sein Entlassungsschreiben sowie ein Zeugnis, ausgestellt durch Eckstein & Söhne.

„Arbeitsmangel in Folge der gesetzlichen Produktionseinschränkung und die damit in Verbindung stehende Einziehung unserer Filialfabriken …", las Willy ihr vor. „Nu steh'ch also ooch of der Schdrase …"

„Allerdings wer' mer überlähm, ich habe nämlich gehört, dass se in Hamburg bei *Avramikos* weitermachen, allerdings kann'ch da erst Mitte Juli anfang'. Da werd'ch ähm nach Hamburg fahr'n für ä baar Monade, ewich wird das ja ni gehn. Bis dahin ham'se uns zur Überbrüggung bei der *United Cigarette Machine Company* , das is so 'ne englische Firma in der Dornblüthstraße, untergebracht. Da werd'ch so lange als Schlosser eingesetzt. Besser wie gar nischd."

Natürlich war das ein Schlag für Willys kleine Familie und die Aussicht, monatelang von seiner Frau und dem gesamten vertrauten Umfeld getrennt zu sein, war alles andere als rosig. Andererseits war er froh, wenigstens nicht arbeitslos zu sein, denn das waren die meisten der Eckstein'schen Belegschaft buchstäblich über Nacht. Zudem hatte auch Frida noch ihre Arbeitsstelle als Weissnäherin, denn ihre Mutter konnte sich tagsüber um ihr Kleinkind kümmern.

Also fuhr Willy anderntags mit seinem Fahrrad zu seiner neuen Arbeitsstelle in der Dornblüthstraße bei der United Cigarette Machine Company im Dresdener Stadtteil Striesen. Dort arbeitete er vorübergehend als Schlosser, kündigte jedoch bereits zum 8. Juli, um vier Tage darauf, ab 12. Juli 1919, seine neue Arbeitsstelle als

Maschinenführer bei der *Hof-Zigarettenfabrik Avramikos* in Hamburg in der Billhorner Kanalstraße 9-13 antreten zu können.

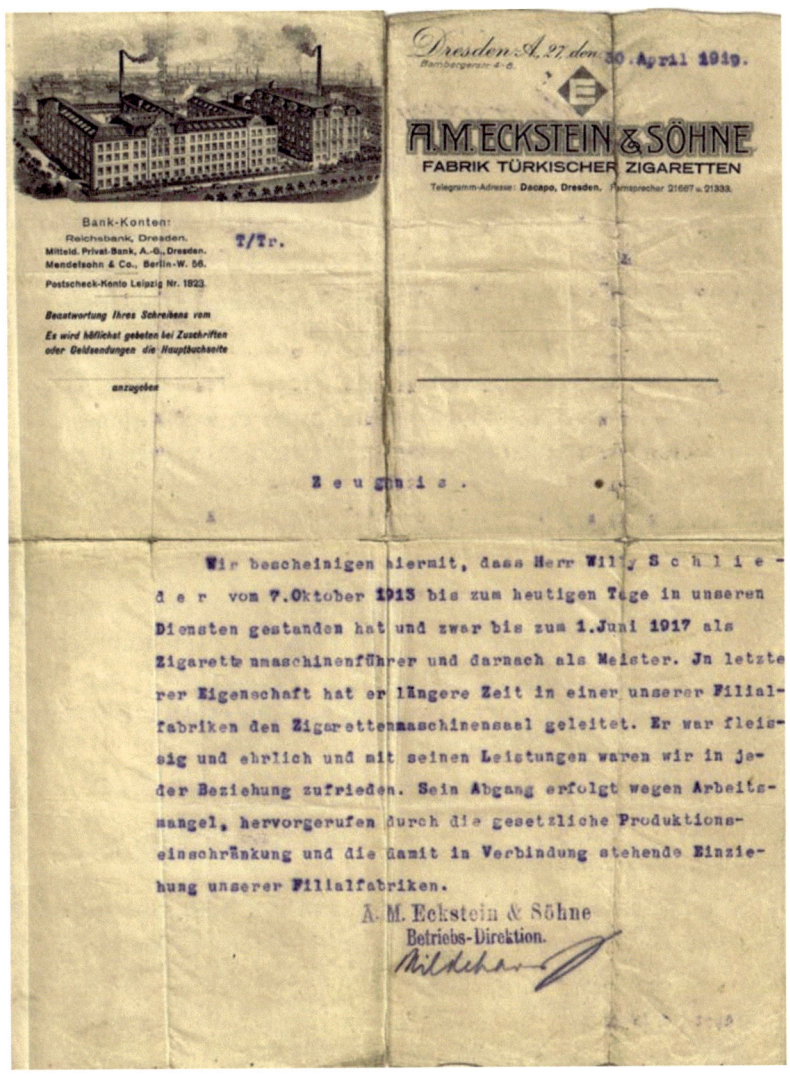

Zeugnis vom 30. April 1919, ausgestellt von Eckstein & Söhne, anlässlich der gesetzlichen Produktionseinschränkung

Ihre Wohnung in Löbtau, in der Gohliser Straße 22, die sie so schön eingerichtet hatten, mussten sie aufgeben, denn eine Einzimmer-Wohnung in Hamburg, die sich Willy wohl oder übel würde anmieten müssen, und die Wohnung in der Gohliser Straße g l e i c h z e i t i g zu mieten wäre bei den galoppierenden Preisen und dem in Hamburg deutlich reduzierten Gehalt einfach nicht zu bezahlen. So zog Frida mit dem kleinen Manfred zu ihrer Mutter in deren Wohnung am Nostitz-Wallwitz-Platz; eine durch und durch solide Lösung, denn Liddy hatte soeben Werner Lubsch geheiratet und war nach Radebeul gezogen. Die Wohnung am Nostitz-Wallwitz-Platz war also groß genug, und etwas Unterstützung im Haushalt könnte ihre Mutter auch gut gebrauchen.

Ein halbes Jahr lang stellte sich nun Willy der neuen Herausforderung in Hamburg und lernte dabei – eher wider Willen – eine für ihn völlig neue Stadt kennen, in der er jedoch ganz sicherlich nicht auf Dauer bleiben würde, das wurde ihm schnell klar.

„Wenigstens liegt Hamburg auch an der Elbe!", schrieb er denn auch eines Tages in einem langen Brief an Frida, „… das ist hier der einzige Trost. Lange wird das aber ganz sicherlich nicht mehr dauern. Ich werde auf jeden Fall alles daran setzen, möglichst schnell wieder eine Beschäftigung in Dresden zu bekommen! Das Einzige, was mir hier bislang gefällt, ist, dass man auf dem Fischmarkt günstig geräucherte Aale kaufen kann: ein feiner Fisch, an den ich mich gewöhnen könnte!"

Ende Januar 1919 war es dann endlich soweit und er hatte eine Stelle bei der Tabak-und Zigarettenfabrik *Compagnie Laferme* in seiner Heimatstadt in Aussicht.

Ab dem 2. Februar 1920 war er wieder Maschinenführer für U.K.- und U.M.-Maschinen: zwar nicht als Meister, doch immerhin wieder in Dresden!

Zeugnis vom 6. März 1920 der Zigarettenfabrik Avramikos in Hamburg, bei der er versuchte, die Zeit der gesetzlichen Produktionseinschränkung zu überbrücken

Eine neue Wohnung war recht schnell gefunden: südlich von Friedrichstadt, zwischen Löbtau und Cotta, fand sich in der Cottaer Straße 22, im ersten Stock eine gerade noch bezahlbare Zweizimmer-Wohnung, in die sie mit Hilfe einiger Nachbarn und Freunde recht zügig einziehen konnten.

Zum Nostitz-Wallwitz-Platz und in die Stadtmitte waren es gerade einmal 15 Minuten zu Fuß und die Zigarettenfabrik konnte man mit dem Fahrrad in einer halben Stunde erreichen.

Natürlich war das ein sozialer Abstieg, verglichen mit der Meister-Stelle bei *Eckstein* und der bequemen Wohnung in der Gohliser Straße; auch das Gehalt war deutlich geringer – allein, Geld war nicht alles und bei der momentanen Inflation und der allgemein schlechten Wirtschaftslage war für Geld ohnehin nicht alles zu haben, sagten sich Willy und Frida, fügten sich in ihr Schicksal und versuchten, das Beste aus ihrer Lage zu machen. Verglichen mit Anderen ging es den Beiden ja ohnehin noch recht gut; erst als der 10. Bettler in Folge um „zwee Pfänge" bat, musste Frida passen, denn so ging das nun praktisch Tag für Tag ... Viele waren arbeitslos und hatten demzufolge weder genügend zu essen noch ein Dach über dem Kopf.

Gut anderthalb Jahre lang dauerte dieser Zustand; dabei wurden die Löhne der rasanten Preisentwicklung durchaus angepasst, wenngleich mit deutlicher Verspätung. Trotzdem sank die Kaufkraft rasant: Im Oktober 1921 hatte die Mark nur noch ein Hundertstel ihres Wertes vom August 1914; im Oktober 1922 sollte es nurmehr ein Tausendstel sein, sodass zu guter Letzt selbst die drastischsten Lohnerhöhungen den rapiden Geldwertverfall nicht mehr ausgleichen konnten.

Bereits Mitte September 1921 warf denn auch Willy das Handtuch und kündigte sein Arbeitsverhältnis bei der *Compagnie Laferme* – ohne eine neue Stelle in Aussicht zu haben.

Damit war Willy zum ersten Mal in seinem Leben arbeitslos, doch in dieser Lage lohnte es sich nicht mehr zu arbeiten: die Zeit konnte er anderweitig besser nutzen, indem er z.B. seiner Mutter bei der Gartenarbeit in Oberrathen half.

So fuhr er regelmäßig mit dem Fahrrad nach Oberrathen zur Gartenarbeit und blieb dort zumeist auch während der Woche, während Frida die Zeit nutzte, um ihrer Mutter bei der Hausarbeit zur Hand zu gehen. An den Wochenenden fuhr Willy dann regelmäßig zurück zu seiner kleinen Familie und konnte dabei, zumindest während der Erntezeit, regelmäßig Essbares mit nach Hause bringen.

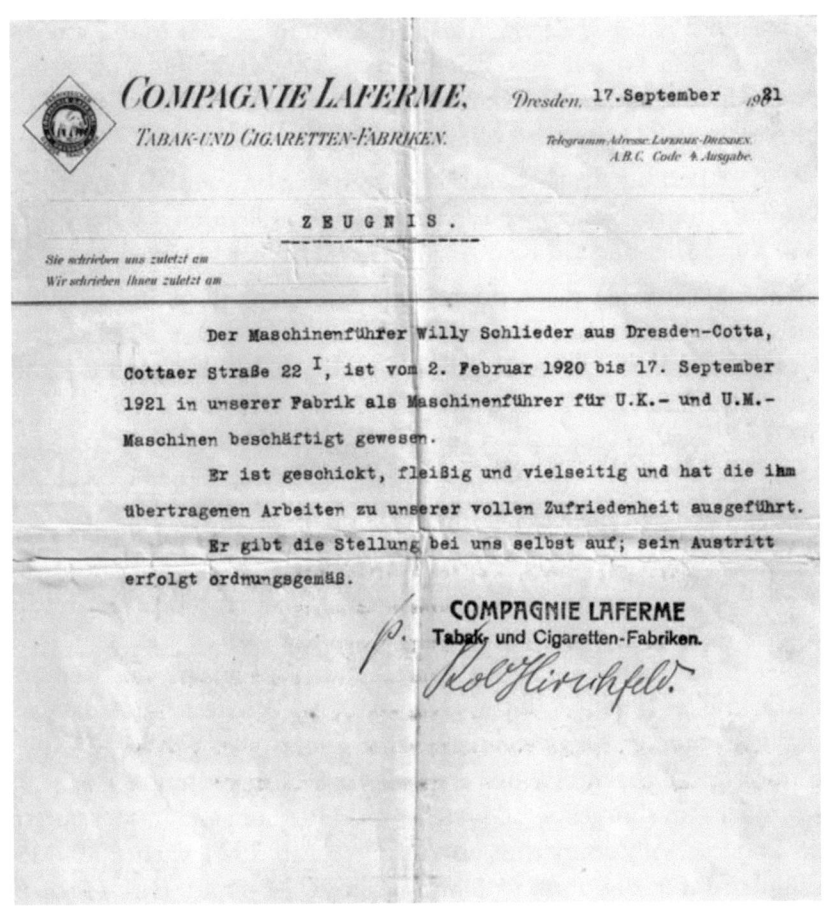

Zeugnis der Compagnie Laferme vom 17. September 1921, bei der er die Stellung aufgab, weil es sich wegen der hohen Inflation nicht mehr lohnte, zu arbeiten

Der Lohn, den Frida, die ihre Stelle als Weißnäherin behalten hatte, mit nach Hause brachte, war denn auch ihre einzige Geldquelle; eine Quelle indes, deren Wert immer weiter und immer schneller drastisch abnahm: so kostete das Briefporto Ende Januar 1920 noch zwanzig Pfennige, ein Jahr später schon doppelt so viel und Ende Januar 1922 zwei Mark.

Am 21. Oktober 1922, nur neun Monate später, kostete das Briefporto bereits 6 Mark, drei Monate später 50 Mark und ab 1. März 1923 gar 100 Mark. Am 1. Juli waren es 300 Mark, am 23. August 1923 kostete das Briefporto 1.000 Mark, am 9. Oktober zwei Millionen, am 20. Oktober 1923 zehn Millionen und am 12. November 1923 gar zehn Milliarden Mark.

Auch bei den Lebensmitteln war der Preisverfall grotesk: so kostete Anfang Dezember 1923 ein Ei 320 Milliarden, 1 Liter Milch 360 Milliarden und ein Kilo Kartoffeln 90 Milliarden Mark.

Natürlich half es da wenig, wenn auch die Löhne ähnlich inflationär anstiegen: Die zuletzt schubkarrenweise ausgezahlten Geldbündel hatten ja auch auf dem realen Markt längst ihre Kaufkraft verloren.

Dieses Desaster wurde erst durch die Ablösung der Papiermark durch die Rentenmark ab 15. November 1923 verbessert: So wurde nun schrittweise für 1 Billion Papiermark eine Rentenmark ausgegeben; ein Prozess, der sich freilich bis Anfang 1925 hinzog, denn die Rentenmark konnte nur allmählich in Umlauf gesetzt werden.

Natürlich hielt Willy, speziell seit Einführung der Rentenmark, weiter intensiv nach einer neuen Arbeitsstelle Ausschau, doch es sollte ganze zweieinhalb Jahre dauern, bis sich in der Zigaretten- und Tabakfabrik des ehemalig kgl. Hoflieferanten *Jean Vouris* in der Augsburger Straße wieder ein Hoffnungsschimmer auftat: so konnte Willy immerhin ab Anfang April 1924 wieder als Maschinenführer der ihm wohlbekannten U.M.- und U.K.-Zigarettenmaschinen und Reparaturschlosser arbeiten. Dazu musste er zwar erneut morgens und abends gut zehn Kilometer quer durch Dresden mit dem Fahrrad fahren, aber das war er gewohnt und nahm körperliche Anstrengung gern in Kauf.

Leider hatte ihm *Jean Vouris* auch keine Meisterstelle, die er angestrebt hatte, anbieten können, andererseits war diese Arbeit besser als gar keine, und so stellte er sich dieser neuen Herausforderung mit Ernst und dem ihm eigenen Eifer.

Beides nutzte freilich wenig, denn nach viereinhalb Monaten stand er „wegen Arbeitsmangel" erneut auf der Straße.

Zeugnis der Zigaretten- und Tabakfabrik Jean Vouris vom 29. August 1924, bei der Willy „wegen Arbeitsmangel" nur vier einhalb Monate lang arbeiten konnte

Doch Willy ließ sich nicht beirren und suchte hartnäckig weiter nach Arbeit, denn schließlich hatte er für seine Familie zu sorgen und dazu war ein geregeltes Arbeitsverhältnis Voraussetzung.

Da bot sich in der Karlsruher Filiale der *Lauterberg Cigarettenfabriken* eine Gelegenheit: und wieder biss die kleine Familie in den sauren Apfel einer – wie sie hofften – zeitlich begrenzten Trennung, denn schließlich war eine Arbeitsstelle in Karlsruhe besser als keine Arbeitsstelle in Dresden.

So reiste denn Willy Anfang September 1924 mit der Eisenbahn nach Karlsruhe, wurde auch prompt eingestellt, suchte sich ein Zimmer und war ab 1. Oktober 1924 wieder in Lohn und Brot.

Anfangs war er Maschinenbediener; wenig später musste er den gesamten Maschinensaal, als Zuständiger für Technik und Arbeitssicherheit, mit leiten.

Erneut eine neue, ungewohnte Umgebung, von der Willy allerdings, ähnlich wie schon zuvor in Hamburg, wenig mitbekam und die ihm ohnehin nicht recht behagte. Außerdem wollte er ja miterleben, wie sich sein Sohn in den Schulbetrieb einfügt – und speziell beim Lesen und Schreiben wollte er ihm helfen.

Das würde von Karlsruhe aus natürlich nicht gehen und so bestand denn seine karge Freizeitbeschäftigung im Wesentlichen darin, erneut lange Briefe zu schreiben und sich im Übrigen nach alternativen Beschäftigungsverhältnissen umzuhören. Natürlich vor allem in Dresden!

Auch Frida studierte fleißig alle Zeitungen, derer sie habhaft werden konnte, sprach mit Willys ehemaligen Arbeitskollegen, soweit sich das ergab und schickte Willy regelmäßig Stellenangebote, wenn sich denn welche finden ließen. Natürlich erwiesen sich dabei Willys körperliche Abwesenheit und der relativ lange Postweg als höchst hinderlich, denn die meisten Stellen waren schon besetzt, bevor er auch nur in der Lage war, sich zu bewerben. Indes: „Gut Ding will Weile haben", war einer der Sätze, die sich Willy eingeprägt hatte, und so würde sich im Laufe der Zeit schon noch etwas ergeben …

Und in der Tat: die Lauterberger Filiale musste schon Anfang 1925 ihren Betrieb einschränken und so war Willy am 4. Februar desselben Jahres erneut arbeitslos, ohne Aussicht auf eine neue Beschäftigung freilich.

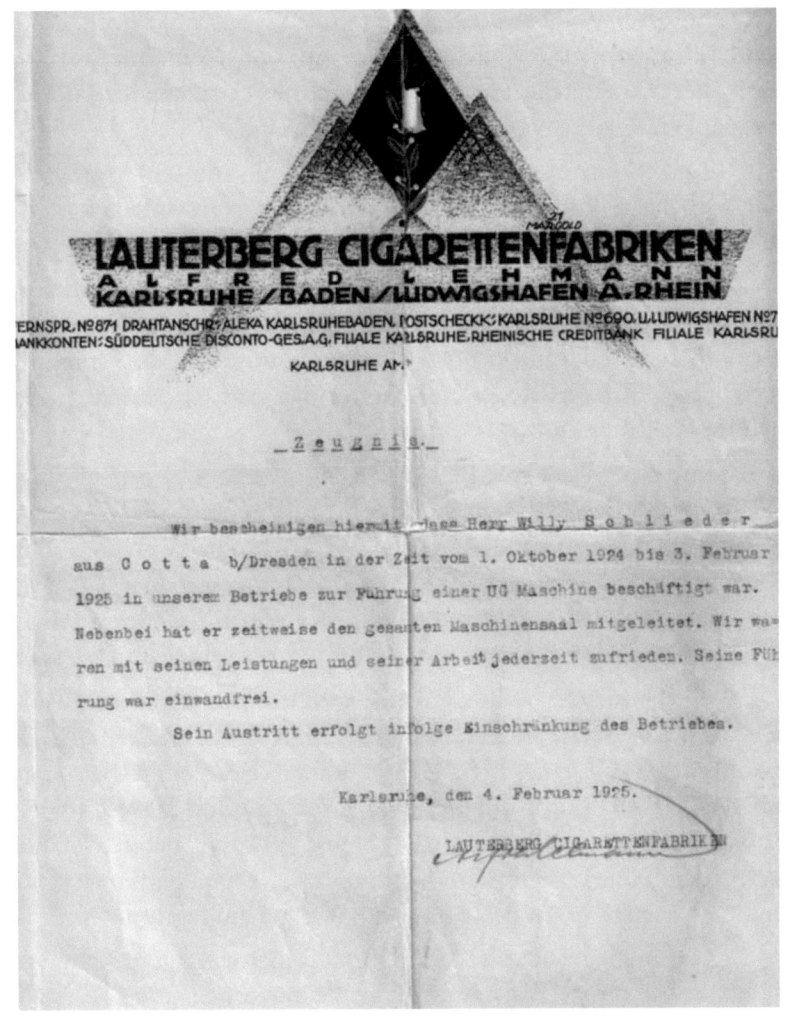

Zeugnis der Lauterberg Cigarettenfabriken vom 4. Februar 1925 anlässlich Willys Austritt „infolge Einschränkung der Arbeit"

Willy versuchte nun, das Beste aus der neuen Lage zu machen, bewarb sich weiter beharrlich, wo und wann immer sich eine Gelegenheit ergab, und nutzte im Übrigen erneut die Gelegenheit, seiner Mutter in Oberrathen bei der Gartenarbeit zu helfen; gerade jetzt, zu Beginn des Frühjahrs, war dies von besonderer Bedeutung.

So grub Willy Beete um, legte neue Beete an, sammelte und hackte Holz, reparierte Zäune auch in der Nachbarschaft und schnitt bereits jetzt die Haselnussgerten, die er später im Jahr zum Hochranken der Feuerbohnen brauchen würde.

Dann kam ihm eine geniale Idee: er würde seinem Sohn ein Fahrrad bauen, ähnlich seinem eigenen, das er damals bei Meister Kühne gebaut hatte!

Auf dem Fahrrad seiner Schwiegermutter – denn auch das hatte er ja vor Jahren als sein Gesellenstück von Grund auf repariert und lackiert – würde Frida fahren, denn Oma Ida Emilie fuhr schon lange nicht mehr Fahrrad, hatte das gute Stück aber immer noch im Keller stehen.

Solchermaßen mit Fahrrädern ausgestattet, würden sie, sobald Manfred Fahrrad fahren könnte und auch Frida wieder ein wenig geübt hätte, kleine Ausflüge unternehmen können. An den Wochenenden und in den Ferien könnte man g e m e i n s a m nach Oberrathen fahren! Zum Nulltarif – und obendrein würden alle ihre Freude daran haben.

Und so baute Willy denn ein weiteres Fahrrad – aus Teilen, die er sich zusammensuchte, und auch Meister Kühne steuerte eine Handbremse und eine Klingel aus seinen Beständen bei. Dabei wurde auf Teile, die nicht unbedingt erforderlich waren, wie das vordere Schutzblech und Beleuchtung, vorerst verzichtet. Das machte das Fahrrad natürlich leichter – und je weniger es wog, desto einfacher wäre es zu bewegen, war Willys Überlegung.

Natürlich freute sich der kleine Manfred wie ein Schneekönig, als er zu seiner Einschulung in die nahe gelegene 37. Volksschule an der Stolle-Straße zu Ostern 1925 ein Fahrrad geschenkt bekam. Sicher fahren lernte er schnell.

Auch Frida, die das Fahrrad ihrer Mutter anfangs mit Skepsis betrachtete, gewöhnte sich recht schnell an ihr neues Gefährt, und so fuhr die gesamte Familie am ersten lauen Frühlingswochenende gemeinsam nach Oberrathen.

Das ging zwar langsamer vonstatten als wenn Willy allein gefahren wäre, aber aller Anfang ist schwer und so wurde die eine oder die andere Pause eingelegt, aber nach gut drei Stunden kamen sie an und Oma Bertha Franziska staunte nicht schlecht.

*Willy mit Sohn Manfred
auf ihren selbstgebauten Fahrrädern
auf dem Weg nach Oberrathen im Frühjahr 1925*

Schließlich ergab es sich, dass die *Reemtsma Cigarettenfabriken* für ihr *Werk Jasmatzi* in der Glashütter Straße 94 in Dresden-Striesen wieder Personal einstellte, und so trat Willy ab 20. April 1925 erneut eine Stelle als „Cigarettenmaschinenführer" der ihm sattsam bekannten UG I und UG II an.

Das bedeutete zwar erneut, dass er jeden Morgen und jeden Abend gut eine halbe Stunde quer durch Dresden mit dem Fahrrad unterwegs sein musste, doch letztlich war ihm das lieber als arbeitslos zu sein.

Zudem hatte das Werk Tradition und einen guten Ruf: Schon 1889 hatte der Grieche Jatzmatzi, vormals Werksmeister in der ersten deutschen Zigarettenfabrik von Josef von Hupmann, an der Blasewitzer Straße sein erstes Werk errichtet; bereits im Jahre 1900 war ein weiteres Werk an der Schandauer Straße gefolgt und seit 1910 gab es die Produktionsstätte an der Glashütter Straße. In allen Jasmatzi-Werken wurden Zigaretten nach türkischer Art hergestellt und Namen wie *Cheops*, *Hellas* oder *Ramses* waren weltweit bekannt.

Natürlich war auch dieses Werk von der Wirtschaftskrise betroffen und hatte seine Produktion einschränken und Mitarbeiter entlassen müssen; eine Folge war, dass es schließlich durch die Hamburger *Reemtsma Cigarettenfabriken G.M.B.H. Altona-Bahrenfeld* aufgekauft worden war. Doch solcherlei wirtschaftliche Schachzüge spielten sich in „höheren Regionen" ab; was für die arbeitende Bevölkerung zählte war einzig und allein, dass es Arbeitsstellen gab.

Mittlerweile kam Manfred in der Schule gut zurecht. Kein Wunder, denn er hatte schon, bevor er mit sechseinhalb Jahren eingeschult wurde, lesen können – und so war er seinen Mitschülern von Anfang an weit voraus. Das sollte auch während seiner gesamten Zeit in der Volksschule so bleiben, denn auch für das Fach Musik zeigte der Knabe schnell Interesse, ein Umstand, der seine Eltern bewog, sich – auf Anraten des Klassenlehrers – nach einer „Dreiviertel-Geige" für den Sprössling umzusehen, denn an der Schule wurde auch Geigenunterricht für geeignete Schüler angeboten.

So lernte denn der Knabe Geige spielen und zeigte schon binnen Kurzem erstaunliche Leistungen. Ganz offensichtlich machte ihm das Geigenspielen Spaß; Rechnen war indes ganz offensichtlich nicht unbedingt sein Metier, doch nach einigen wenigen Nachhilfestunden ging auch das und so wurde Manfred schnell einer der Besten seiner Klasse.

So war es denn auch nur natürlich, dass er Anfang 1929 die Aufnahmeprüfung für die Höhere Schule spielend bestand und daher zu Ostern in das *Gymnasium Wettinianum* am Seidnitzer Platz wechselte.

Das Gymnasium Wettinianum am Seidnitzer Platz,
heute Wettiner Platz, und Sitz der Hochschule für Musik
„Carl Maria von Weber"

Ein ansehnliches, stolzes Gebäude mit seinen Säulen und dem in goldenen Lettern eingelassenen Wahlspruch „Humanitati – virtuti – modestiae": „für Menschlichkeit, Tugend und Mäßigung", wie er bald seinen staunenden Eltern zu berichten wusste, denn mit dem Motto und der Zielsetzung der Schule machte man die Sextaner, wie die Erstklässler damals hießen, gleich am ersten Tag bekannt. Natürlich stand dementsprechend auch Latein sehr schnell auf dem Stundenplan, doch auch hier wurde Unterricht im Geigenspielen angeboten. Klar, dass Manfreds Eltern darauf hinwirkten, dass ihr Spross dieses Angebot auch annahm. Das wiederum wurde auch von seinen Lehrern anerkannt: schon in seinem ersten Halbjahreszeugnis, im September 1929, bekam er in Musik eine Eins.

Manfred gedieh denn zunächst prächtig. Möglich, dass auch der Ferien- und Erholungsaufenthalt im Sommer 1929, den seine Schule im *Kinnerhüsing „Hessen"* im Ostseebad Prerow bei Stralsund organisierte, mit dazu beitrug. Gemeinsame Bootsfahrten wie auf dem Segler „Adler" auf der Ostsee gehörten ganz sicher mit zu den Abenteuern, an die er sich immer wieder gerne erinnerte.

Manfreds Schulklasse auf dem Segler „Adler" im Sommer 1929 auf der Ostsee. Manfred in der dritten Reihe, unter dem Segel, fünfter Junge von links.

Eine Eins in Musik: Das sollte auch während seiner ganzen weiteren Schulzeit so bleiben; für Willy und Frida Ansporn genug, für die weitere musikalische Ausbildung ihres Sohnes nach einem gebrauchten Klavier Ausschau zu halten. Da ergab es sich füglich, dass in unmittelbarer Nachbarschaft ihrer ursprünglichen Wohnung, in der Gohliser Straße 18, eine geräumige Vier-Zimmer-Wohnung im 2. Stock frei wurde, denn für Manfreds künftige musikalische Betätigung mit Geige u n d Klavier würde ganz sicherlich ein eigener Raum benötigt. Auch würden sie über kurz oder lang Oma Bertha Franziska zu sich nehmen müssen, denn auf Dauer würde sie in ihrer doch recht großen Wohnung und dem Garten in Oberrathen nicht mehr zurecht kommen.

Dresden-Löbtau, Gohliser Straße 18

Auch würden sie, nun da Willy wieder einen, wie es schien, sicheren Arbeitsplatz hatte, wieder ihr eigenes Heim bewohnen wollen. So zog die Familie denn rechtzeitig vor Beginn des neuen

Schuljahrs, zu Ostern 1929, in „heimatliche Gefilde", in die Gohliser Straße zurück und Willy wuchtete, gemeinsam mit einigen Helfern von Willys Arbeitsstelle, ein stattliches Klavier in den 2. Stock: mit Intarsien aus Nussbaum-Wurzelholz und gold-glänzenden Messingleuchtern.

Das übrige Mobiliar wurde, ebenfalls mit Hilfe freundlicher Nachbarn und Mitarbeiter, teils aus Oma Ida Emilies Wohnung am Nostitz-Wallwitz-Platz, teils aus eingelagerten Beständen in Oberrathen, herbeigeschleppt und binnen Kurzem war auch das neue Domizil wohnlich eingerichtet: schöner, geräumiger und gemütlicher als jede andere Wohnung zuvor, wie es ihnen allen erschien.

So bekam denn Manfred sein eigenes Zimmer, sein Klavierzimmer, wie es fortan genannt wurde. Alle waren stolz, die Großmütter und die Nachbarn staunten, und Manfred hatte nun sein eigenes „Konservatorium", in dem er Klavier und Geige gleichermaßen üben und nach Herzenslust spielen konnte, wann immer er wollte. Und er wollte!

Über dem Klavier aber hing ein Wappenteller aus weißblauem Meißener Porzellan, mit einer Eule als Symbol der Weisheit, dem Namen seiner Schule, *Gymnasium Wettinianum* und deren Wahlspruch „Humanitati, Virtuti, Modestiae".

Willy und Frida hatten das gute Stück anlässlich der Feier zum 50-jährigen Bestehen der Schule 1929 erstanden. Das neunte Exemplar, wie sie stolz feststellten, denn das war auf seiner Rückseite vermerkt. Ein wunderschöner Wappenteller, wie alle Besucher voller Anerkennung bemerkten. Eines Tages würde er sicher einmal wertvoll werden.

Und so hatte Manfred von nun an tagtäglich das Motto seiner Schule vor Augen, das ihn, ebenso wie der Porzellanteller, sein ganzes Leben über gedanklich begleiten sollte.

Wappenteller des Gymnasium Wettinianum in Dresden aus Meißener Porzellan, anlässlich des 50. Jahrestages der Gründung der Schule 1929

Auch ein weiterer Spruch war für ihn wichtig: der Denkspruch aus Psalm 90, Vers 1 auf seinem Konfirmationsschein.

„Herr Gott, Du bist unsre Zuflucht für und für", hatte ihm der Pfarrer mit auf den Weg gegeben, nachdem er am Sonntag, Judica, dem 2. April 1933 in der evangelisch-lutherischen Friedenskirche in Dresden-Löbtau konfirmiert worden war. Die ganze Großfamilie sowie einige Nachbarn und Freunde waren gekommen, um ihn in die Kirche zu begleiten und danach zu Hause zu feiern. Platz genug hatten sie ja nun wieder.

Manfred aber spielte künftig nicht nur Geige sondern war außerdem ein fleißiger, passionierter Klavierschüler, der schon bald in der Lage war, weit mehr als die gängigen *Czerny-Etuden* und die Menuette und Polonaisen aus dem *Notenbüchlein für Anna Magdalena Bach* zu spielen, und sich allmählich an die ersten *Sonatinen von Clementi, Diabelli, Dussek, Kuhlau* und die anmutigen *Burgmüller-Etuden* wagte; dort avancierten die *Ballade* und *Des Edelfräuleins Ritt* zu seinen bevorzugten Stücken, die er zum Entzücken seiner Eltern bald fehlerfrei und mit Ausdruck vortragen konnte.

Das blieb natürlich auch in seinem Gymnasium nicht verborgen und so festigte sich Manfreds Ruf als „Musiker" immer mehr; auch in Englisch und Deutsch war er bald deutlich besser als die meisten seiner Mitschüler. Ganz offensichtlich war er musischsprachlich begabt; seine Leistungen in Mathematik und Physik blieben dagegen Mittelmaß. Dafür konnte er auch im Sport – speziell im Kurzstreckenlauf – bei den diversen Schulmeisterschaften eine Siegerurkunde nach der anderen nach Hause tragen. Manfred war denn auch auf dem Gymnasium schnell einer der Besten in seiner Klasse, wurde infolgedessen bald übermütig und recht aufsässig – so aufsässig, dass sein Klassenlehrer den Eltern Anfang 1931 den Rat gab, den Knaben in einem Internat unterzubringen, in dem ihm „Zucht und Ordnung", wie es hieß, beigebracht würden.

Ein solches Internat war nahe gelegen: in Dresden-Klotzsche befand sich die *Landesschule*, die ehemalige sächsische Kadettenanstalt. Alljährlich wurden nur 40 Schüler, allesamt Jungen, aufgenommen.

Dennoch: einen Versuch war es wert, denn wenn der Junge nicht „an die Kandare" genommen würde, wie der Klassenlehrer mit bedenklicher Miene meinte, würde es wohl bald aus sein mit Manfreds schulischer Karriere – da hülfe auch keine Eins in Englisch und kein noch so vorzügliches Geigen- oder Klavierspiel.

Manfred indes bestand die Aufnahmeprüfung dieser mit 250 Plätzen größten sächsischen Internatsschule mit Bravour und bezog so zu Ostern 1931 als einer von 40 Neulingen mit 13 ½ Jahren die sächsische Landesschule in Dresden-Klotzsche. Gleich am ersten Abend im Schlafsaal sollte er dort Prügel beziehen: von seinen neuen Mitschülern zwar, doch von den Erziehern wurde das geduldet, denn kräftige Prügel gehörten zum heimlichen Aufnahmeritual ...

Im übrigen war ein Schulgeld in Höhe von 52,00 RM monatlich zu zahlen. Das war viel Geld, doch Willy hatte ja wieder Arbeit ... allerdings nur bis zum 12. 10. 1932.

„Der Abgang erfolgte wegen Arbeitsmangel" hieß es lapidar im Zeugnis der *REEMTSMA CIGARETTENFABRIKEN G.M.B.H.*

Da half es auch nicht, dass ihm bescheinigt wurde, dass man mit seinen Leistungen und seiner Führung jederzeit sehr zufrieden gewesen sei.

Doch er und Frida waren sparsam gewesen und hatten stets ein paar Mark auf die Seite gelegt. Sicherlich würde sich bald wieder eine Arbeitsstelle finden und im übrigen würden sie sich auch künftig einschränken und sparsam wirtschaften, wie so Viele in Dresden, ja in ganz Sachsen und im ganzen Deutschen Reich.

Überhaupt war Sparsamkeit angesagt in diesen Tagen: Erst vor Kurzem war eine neue Vier-Pfennig-Münze in Umlauf gebracht worden, der „Arme Heinrich" oder der „Brüningtaler", wie man die Münze bald nannte. Bei jeder Lohnzahlung mussten zwei Reichsmark in Vier-Pfennig-Stücken ausgezahlt werden. Der Reichskanzler erhoffte sich damit ein neues Preisbewusstsein und dass auf diesem Wege dazu beigetragen würde, die Preise zu senken. Ein Brötchen bekam man für das neue Vier-Pfennig-Stück, wenn man sich denn ein Brötchen leisten konnte ...

REEMTSMA CIGARETTENFABRIKEN G.M.B.H.
ALTONA-BAHRENFELD

WERK JASMATZI DRESDEN

FERNSPRECHER: SAMMELNUMMER 30011 · TELEGRAMM-ADRESSE: JASMATZICO DRESDEN

BETRIEBSLEITUNG   DRESDEN-A. 21, den   12.10.1932.
                         GLASHÜTTER STRASSE 94

Z e u g n i s .

Inhaber dieses,

Herr Willy S c h l i e d e r , geboren am 29.12.91 in Dresden, war in unserem Hause vom 20.4.1925 bis 12.10.1932 als Cigarettenmaschinenführer für unsere Ug. I u. U.G. II tätig.

Mit seinen Leistungen und seiner Führung sind wir jederzeit sehr zufrieden gewesen; und können wir Herrn Schlieder als einen fleißigen, ehrlichen und tüchtigen Maschinenführer bestens empfehlen.

Der Abgang erfolgte wegen Arbeitsmangel.

Versicherungsbeiträge sind bismit 12.10.1932 an die Allgemeine Ortskrankenkasse Dresden entrichtet worden.

REEMTSMA CIGARETTENFABRIKEN G.M.B.H.
LOHNBÜRO WERK JASMATZI

*Zeugnis der Reemtsma Cigarettenfabriken GmbH,
Werk Jasmatzi Dresden, vom 12. 10. 1932*

*Die Vier-Pfennig-Münze, die 1932 eingeführt wurde, um ein neues Preisbewusstsein zu schaffen und die Preise zu senken.
Im Volksmund bald „Armer Heinrich" oder „Brüningtaler" genannt.*

Brötchen waren in der Tat nicht unbedingt erforderlich, denn Brot mit Salz schmeckte auch und war überdies wesentlich nahrhafter und bekömmlicher als Brötchen, befand Frida, und Willy stimmte ihr zu. „Trocken Brot macht Wangen rot" wurde denn zu ihrer täglichen Losung, doch sie aßen es gerne und dankten dem Herrgott, dass er ihnen zu Essen gab.

Sie waren schlank in diesen Tagen und beschlossen, nun noch schlanker zu werden.

Inzwischen versuchte Willy, möglichst schnell neue Arbeit zu finden, studierte tagtäglich in allen Zeitungen, deren er habhaft werden konnte, die Stelleninserate, sprach bei den Personalbüros der meisten Dresdner Zigarettenfirmen vor, soweit sie noch produzierten, und hoffte im Übrigen, wie die meisten seiner Bekannten und ehemaligen Kollegen, dass sich die Lage auf dem Arbeitsmarkt insgesamt bessern würde …

Doch es gab keine Arbeit und so reparierte Willy gegen geringen Lohn Fahrräder, wie er es gelernt hatte, trug vertretungsweise Zeitungen aus, besohlte Schuhe, flickte Gartenzäune, sammelte und hackte Holz und nahm jede noch so kleine „schwarze" Arbeit an, die er bekommen konnte, um seine Familie und sich über die Runden zu retten.

Das gelang ihm auch mehr schlecht als recht, bis er endlich, ab dem 17. März 1933, bei der *Cigarettenfabrik Dressler*, dieses Mal als Zigarettenmaschinenführer an der Triumph II-Maschine, eine Anstellung finden konnte. Ganze 120,00 RM würde er nun pro Monat verdienen. Dazu kamen die rund 80,00 RM, die Frida, immer noch als Weißnäherin, verdiente, so lange ihr Betrieb nicht geschlossen würde.

Willys Familie war wieder einmal gerettet, doch so richtig freuen konnte sich Willy nicht, denn schließlich war er Meister, und wieder war er nur Maschinenbediener. Alle Meisterstellen waren besetzt und in absehbarer Zeit würde hier auch keine Meisterstelle frei werden, auf die er sich bewerben könnte, bei allem Fleiß und allem Eifer, mit dem er sich an die Arbeit machte, zu der er jeden Morgen quer durch die Stadt auf dem Fahrrad fuhr.

Doch was blieb ihm weiter übrig, als das üble Spiel zu spielen, denn er brauchte ein regelmäßiges Einkommen, um seine Familie zu ernähren.

So ging er denn auch dieser Arbeit gewissenhaft nach, war früher an der Arbeitsstelle als andere, war umsichtig und genau, und abends fuhr er auf seinem Fahrrad erst nach Hause, wenn seine Maschine tipptopp gesäubert und geölt für den folgenden Arbeitstag bereit stand.

Willy aber sagte sich eines Tages, nach längeren Pausen- und Feierabendgesprächen mit Arbeitskollegen, dass dieser ständige Wechsel der Arbeitsstellen, jedes Mal unterbrochen von längeren Perioden der Arbeitslosigkeit, kein Dauerzustand bleiben könne und dass dieses Problem wohl nur g r u n d s ä t z l i c h gelöst werden könnte: durch eine andere Politik etwa oder indem man sich zusammenschlösse.

„Du Muddel", meinte er denn eines abends zu Frida, „das kann so ni weidergehn; denn wer weeß, wie lange ich die Arbeit, die'ch jetzt begomm' habe, werde machen genn' ... Wahrscheinlich wer'n se mir in ä baar Monaden wieder günd'chen und dann steh'ch wieder da und renn' mer die Beene aus'm Leibe, bis'ch wieder 'ne Schdälle habe ..."

„Was willste'n machen Willy", meinte da Frida resigniert, „warte nur ab, es gomm' ooch wieder bess're Zeiden …"

„Nee, Frida, das hab'ch lange genuch ooch gedacht; ich gloob, mir müssen die Sache selbst in die Hand nehm'… Ich hab' da von der *Deutschen Arbeitsfront* gehört, der *DAF*, die soll vor Kurzem der Reichsorganisationsleiter Ley gegründet haben; das is so 'ne Art grose Gewergschaft, die die Inderessen der Arbeider verdräd'n. Die andern Gewegschaften hams se ja letzdens verboden. Ich gloob' da werd'ch eindräd'n; ne ganze Menge Gumbel vom Bedrieb mach'n des ooch. Je mehr Mitglieder da drinne sin, desto besser isses. Es geht doch darum, dass uns're Arbeidsblätze wieder sicher wär'n, denn ich säh's schon gomm', in a baar Monad' n geht des Deader wieder von vorne los und ich sitze off der Schdrase …"

„Nu wenn de meenst", sagte da Frida und fuhr fort, Willys Socken zu stopfen.

So wurde Willy am 01.06.1933 Mitglied der *DAF*. Ein folgenschwerer Fehler, wie sich später herausstellen sollte, denn schon im Oktober 1934 wurde die *DAF* der *Nationalsozialistischen Deutschen Arbeiterpartei (NSDAP)* angeschlossen.

Manfred war auch in seiner neuen Schule binnen Kurzem einer der Besten in seiner Klasse. Aufgrund seiner sportlichen Leistungen wurde er bald einer Fechtklasse für Florett und Säbel zugeteilt, doch auch auf seine Klavier- und Geigenstunden brauchte er nicht zu verzichten, im Gegenteil: all dies wurde im Internat noch weit intensiver betrieben, als dies zu Hause möglich gewesen wäre.

Die Schule sollte ihre Zöglinge ihren Statuten gemäß nach einem humanistisch-bürgerlichen Bildungsideal erziehen, was immer das heißen mochte. Die exakten Naturwissenschaften gehörten eher nicht zu diesem Ideal – dafür Latein, Englisch, Deutsch, Geschichte, Erdkunde, Sport und Musik umso mehr. In den letzten drei Jahren vor dem Abitur würde zusätzlich Französischunterricht als Wahlfach angeboten.

Drei Jahre nach seiner Aufnahme in die Landesschule wurde 1934 hier eine *Nationalpolitische Erziehungsanstalt (NPEA)* eingerichtet und so wurde Manfred automatisch zu einem ihrer Schüler.

Rudolf-Schröter-Schule hieß die Schule in Dresden-Klotzsche jetzt, doch im Volksmund wurde sie *NAPOLA* genannt, *Nationalpolitische Erziehungsanstalt*, wie die anderen 37 Einrichtungen dieser Art in dieser Zeit im Deutschen Reich.

Zu Deutschlands Elite gehörten sie nun, hieß es in einem der ersten Appelle nach der Gründung dieser Einrichtung und entsprechend habe man sich zu verhalten. Sie alle würden dereinst in Führungsverantwortung stehen, doch wer anderen Befehle erteilen wolle, müsse zuerst lernen, Befehle auszuführen; wer von anderen Härte fordern würde, müsse zunächst selbst hart werden – und so wurde sehr schnell allen Zöglingen dieser Eliteeinrichtung und bald auch ihren Eltern klar, worum es hier ab sofort ging: Härte gegen sich und andere zu zeigen sowie durchweg Spitzenleistungen zu erbringen, um nach Abitur und Studium dem Deutschen Reich an führender Stelle zu dienen, getreu dem neuen Motto der Schule: „Glauben, Gehorchen, Kämpfen".

„Per aspera ad astra …" – „Über Dornen zu den Sternen …" hieß es denn, nicht nur im Lateinunterricht, und hier würden sie über eben diese Dornen geführt. In acht Züge, à 30 „Jungmannen", wurde die Schule nun gegliedert; das war ein erster Vorgriff auf militärische Organisationsformen …

Im Übrigen würde von jedem erwartet, dass er nach dem Abitur zumindest Reserve-Offizier würde, denn nur so könne man seinem Vaterland optimal dienen. Zur Vorbereitung auf dieses Ziel wurde daher jeden Tag, neben den klassischen Unterrichtsfächern, Sport getrieben, und einmal in der Woche fand „Geländedienst" einschließlich Kleinkaliberschießen statt. Ab Ende 1936 wurde dafür kein Religionsunterricht mehr gegeben und ein Ersatz dafür wurde nicht angeboten.

So kämpfte Manfred denn wie besessen mit Florett und Säbel und gewann einen Wettlauf nach dem anderen; im übrigen spielte er Geige und Klavier im Schulorchester, denn eines Tages würde er Musik studieren und später Kapellmeister werden. Einer der Führenden in Deutschland, das wurde ihm immer klarer, speziell, seit er bei einem Schulkonzert, bei dem er ein Klavierstück vortrug, lang anhaltenden Beifall erhielt.

„Nu, Muddel, die 52 Mark im Monat ham' mer dann doch gut invesdierd ...", meinte Willy, als der Schulleiter, der Herr Ministerialrat Dr. Kleint, ihm und Frida nach dem Konzert gratulierte.

Willy und Frida waren stolz auf ihren Sohn, und beide Omas und alle Nachbarn und Bekannten auch, denn auch sie hatten dem Konzert andächtig und zunehmend beeindruckt gelauscht. Ganz sicher würde er einmal ein großer Künstler und ein „ganz hohes Tier", meinten denn alle und waren begeistert. Willy und Frida aber wollten auch weiterhin alles tun, um sicherzustellen, dass es ihrem Sohn eines Tages besser ginge als ihnen selbst und ihren Eltern. Es schien ja zu klappen.

Und in der Tat: Allmählich schien es überall aufwärts zu gehen in Deutschland. Nicht nur der neue Arbeitsplatz erschien seit Neuestem relativ sicher, sondern auch vieles Andere schien sich zum Besseren zu wenden.

So gab es seit Anfang 1933 endlich wieder eine stabile Regierung im Deutschen Reich und Deutschland hatte dem Völkerbund – die „Quasselbude", wie sie geringschätzig von Hitler und seinen Gefolgsleuten genannt worden war – nach einer Volksabstimmung am 12. November den Rücken gekehrt. Wenige Wochen vorher hatte Deutschland bereits die Genfer Abrüstungskonferenz verlassen. Gerade einmal ein 200.000 Mann-Heer hatte man dem Deutschen Reich zugestehen wollen ... Das war zwar besser als die 100.000 Mann, auf die das Deutsche Heer seit dem Versailler Vertrag begrenzt war, wie aber sollte man mit einem 200.000-Mann-Heer die riesige Sowjetunion, auf deren Territorium schlimme Dinge passierten und die mit der Kommunistischen Partei Deutschland (KPD) sympathisierte, in Schach halten?

Der 1. Mai war, zur Freude der Arbeiterschaft, zum (arbeitsfreien!) Staatsfeiertag in Deutschland erklärt worden und all die unfähigen Parteien, die wohl das bisherige innenpolitische Chaos in Deutschland zu verantworten hatten, waren aufgelöst worden bzw. hatten sich selbst aufgelöst: nur die NSDAP hatte sich als stärkste Partei behauptet. Endlich schienen wieder stabilere Verhältnisse in Deutschland einzukehren – das zumindest hofften weite Teile der arbeitenden Bevölkerung, so auch Willy und Frida.

Und auch auf dem Gebiet der Wirtschaft und in der Wissenschaft schien es wieder voran zu gehen: So hatten sich, wie man lesen konnte, schon im Jahre 1933 durch den Einsatz von künstlichem Dünger die Ernteerträge in der deutschen Landwirtschaft, trotz der enormen Landverluste infolge des Weltkriegs, gegenüber 1880 mehr als verdoppelt. In der Sowjetunion dagegen ging es abwärts: deren Viehbestand beispielsweise hatte sich seit dem Beginn der Kollektivierung 1928 halbiert!

Im Flugzeugbau gab es geradezu revolutionäre Entwicklungen: Seit 1929 flogen riesige Flugboote von Dornier, allen voran die gewaltige, zwölfmotorige Do X, über den Atlantik, seit 1932 entwickelte Focke den ersten Hubschrauber der Welt, den FW 61; ebenfalls 1932 hatte Heinkel das schnellste Flugzeug, die HE 70, entwickelt, und seit März 1933 flog auch die erste, dreimotorige JU 52 mit einer neuartigen Wellblechhaut aus Duraluminium für die Lufthansa und andere ausländische Fluggesellschaften.

Auch in der Fernmeldetechnik geschahen schiere Wunder: seit 1933 kam zunehmend der Siemens-Hellschreiber zur drahtlosen Übertragung von Schreibmaschinenschrift zum Einsatz, wie man hörte ...

Und in allen Zeitungen konnte man es lesen: der Bau von Autobahnen in Deutschland wurde tatkräftig vorangetrieben. Das schaffte Arbeitsplätze!

Doch auch für „Otto-Normalverbraucher" gab es nützliche Neuerungen: so hatte vor Kurzem Hans Haupt einen faltbaren Regenschirm, den *Knirps*, erfunden und 1928 zum Patent angemeldet. 1932 wurde gar ein noch kleinerer *Knirps-Damenschirm* für 12,50 RM eingeführt ... Überall in der Welt schien das ein Renner!

Damit nicht genug: Anfang 1934 hatte Hitler einen deutsch-polnischen Nichtangriffspakt mit Pilsudski geschlossen. Die leidige Frage des „Korridors", der abgetretenen Gebiete in Pommern, Oberschlesien und Ostpreußen sowie die Probleme um Danzig würden so ganz sicher auf friedlichem Wege gelöst werden können.

Auch im Innern des Reiches schien endlich Ruhe einzukehren. Ende Juni / Anfang Juli 1934 war die SA mit ihren marodierenden Banden, wohl gerade noch rechtzeitig vor einer Revolte, wie es hieß, zerschlagen worden – kurz: es schien wieder friedlicher zuzugehen in Deutschland, die Wirtschaft schien sich zu erholen, Deutschland konnte in Wissenschaft und Technik wieder mithalten. Das Deutsche Reich war offensichtlich dabei, sich allmählich wieder aufzurappeln …

Und Dresden selbst war ein Kleinod, selbst wenn man dieses Kleinod als einfacher Mensch nur zu Fuß oder mit dem Fahrrad durchstreifen konnte. Da war der Zwinger, die Hofkirche, der Altmarkt, die Frauenkirche, die Brühlsche Terrasse mit dem herrlichen Blick über die Elbe und auf die Neustadt, der Große Garten mit seinen weitläufigen Anlagen, die grünen, wunderschönen, naturbelassenen Elbauen, ganz zu schweigen vom Plauener Grund, dem Park bei Schloss Pillnitz, Blasewitz mit seinen herrschaftlichen Villen, dem Weißen Hirsch mit seinen Schlösschen, Rathen und der sächsischen Schweiz. Es war eine Freude, in dieser Stadt zu leben! Da machte es wenig, wenn man wegen der hohen Preise selbst nicht in die wunderschöne Semper-Oper gehen konnte und nur an der Peripherie dieser schönen Stadt wohnte; doch auch Löbtau und Cotta hatten ihren Reiz!

Auch in der Hygieneausstellung waren Willy und Frida an einem Sonntag gewesen: dort wurde der *Gläserne Mensch* präsentiert. Franz Tschakert, der Präparator des Dresdner Hygienemuseums, hatte 1930 dort das durchsichtige Modell eines Mannes ersonnen und gebaut, in dem man alle inneren Organe, Muskeln und Blutbahnen sehen konnte, und alles wurde von einem Automaten erklärt. Selbst ein Museum in Buffalo in den Vereinigten Staaten von Amerika hatte kürzlich ein Exemplar dieses Wunderwerks bestellt, wie man hörte! (Ein Mann ohne Geschlecht sollte geliefert werden, wie man sich hinter vorgehaltener Hand erzählte …)

Willy war nun, Ende 1934, knapp 43 Jahre alt, Frida 42, und beide waren, trotz ihrer relativ prekären wirtschaftlichen Lage, immer noch davon überzeugt, dass sich das Blatt wenden würde. Zu ihren Gunsten. Sie waren auch durchaus bereit, sich dafür einzusetzen und zu arbeiten „bis die Schwarte kracht", wie sie sagten. Die Frage war nur, wie? Und wo?

Mangels irgendwelcher Alternativen gingen denn die Beiden ihrer Arbeit nach und strengten sich an, so gut sie konnten, Manfred kam an den meisten Wochenenden nach Hause und spielte Klavier oder Geige, häufig auch beides, und im übrigen fuhr man – häufig gemeinsam – in die Sächsische Schweiz nach Oberrathen, um Oma Bertha Franziska zu besuchen. Im Sommer waren das ganze Wochen, zumindest für Manfred.

„Ihr verdanke ich, neben meinen Eltern, eine sehr glückliche Kindheit", schrieb Manfred in seinem Album *Ich über mich* etwa 50 Jahre später.

„Sie lebte in Oberrathen, im Elbsandsteingebirge, der Sächsischen Schweiz. Ich habe dort alle Ferien und einen Großteil der Wochenenden verbracht.

Die Oma besaß praktisch nichts, aber sie hatte immer genug von allem und konnte immer geben.

Für uns, heute, völlig unverständlich.

Im Sommer wurden Pilze getrocknet und Beeren, jede Menge. Eingekocht, Marmelade gemacht. Ähren, Äpfel und Birnen gelesen.

Holz – die Oma lebte am Rande des Waldes – wurde gesammelt, gesägt und gehackt. Dabei hatte sie immer Zeit und gute Laune. Im Winter spielte sie die herrlichsten Spiele mit uns. Uns?

Uns.

Da war nämlich noch Elisabeth. Die Tochter meines zweiten Herren Paten!

Herr Direktor Zumpe. Leiter der Sozialabteilung der Kreisverwaltung Pirna. Ein unheimlich hohes Tier!

Er fuhr mit der Eisenbahn nur 2. Klasse (von fünf)! – Ein für mich fast unvorstellbarer Luxus! Er war trotzdem nett und freundlich.

Seine Frau nicht immer und nur, wenn sie gute Laune hatte, dann aber sehr.

Ich wollte Elisabeth natürlich heiraten, sie mich auch.

Der Krieg hat es verhindert …"

Später gab es auch weitere Gründe, die Wochenenden bei Oma zu verbringen, zumindest für Manfred, denn bei Oma konnte man „schnorren"! Oma hatte immer ein paar Pfennige, manchmal sogar eine Mark übrig, obwohl sie ja selbst kaum etwas hatte; außerdem war ihre Eierschecke vorzüglich!

Doch es gab auch eine Verwandtschaft, bei der die Schnorrversuche mitunter halfen: Onkel Hans zum Beispiel, Willys Bruder, von Beruf Kunsttischler, oder Tante Dora, Willys Schwester, die auch gab, wann immer sie konnte.

„Am sichersten aber waren Schnorrversuche bei der Oma (Ida), der Mutter meiner Mutter", schrieb Manfred in seinen Erinnerungen.

„Sie hatte zwar das kleinste Einkommen, (nur) ein bisschen popelige Rente, aber Geld hatte sie immer.

Sie hat, wie wir später heraus bekamen, manchen lieben Tag außer einem Hering für 10 Pfennige und einigen Kartoffeln nichts gegessen. Als meiner Mutter das klar wurde, musste sie zu u n s in die Wohnung ziehen, Platz hatten wir ja genug. Da musste sie essen, ob sie wollte oder nicht …"

Das Schnorren ging zunächst bis Ostern 1937 weiter, denn da legte Manfred sein Abitur ab; unmittelbar danach, vom 1.4.1937 bis zum 30.9.1937, war er im Reichsarbeitsdienst, ganz ohne Urlaub und Schnorren, dafür im Gelände und mit dem Spaten.

Danach begann nahtlos das Studium der Musik am Konservatorium der Landeshauptstadt – der Akademie für Musik und Theater.

Natürlich wurde da wieder geschnorrt, denn die neue Flamme hieß Ursula, die „kleine Bärin, … wegen der ich schnorren musste!" schrieb Manfred.

„Die wollte ich nun ganz bestimmt heiraten! Deswegen habe ich mich auch nicht geniert, wenn wir einmal zusammen – für die damalige Zeit unmöglich – verreisten.

Meine Eltern genierten sich natürlich für mich, so sie etwas wussten, und ihre Mutter wusste natürlich nichts. Mein Gott, wenn die etwas gewusst hätte!

Deswegen schrieb Ursula Postkarten. Vor der Reise und von wo anders. Eine Freundin hat sie dann dort in den Briefkasten gesteckt. Und Frau Mama war beruhigt ob des Lebenswandels ihrer sittsamen Tochter. Mich mochte sie nicht besonders, die Frau Mama. Entweder hatte sie Ahnungen oder nur, weil ich nichts war, was ich ja heute gut verstehen kann … Aber schön war's doch. Das und die! …"

Dann fühlte sich Oma Bertha Franziska auf einmal nicht wohl. Den ganzen Winter über hielt das an, so dass Willy und Frida sie Anfang 1938 zu sich nach Hause holten, um sie zu pflegen. Am 16. März 1938 ist sie dort plötzlich, mit 76 Jahren, gestorben.

Später zog dann, wie schon gesagt, Oma Ida in die Gohliser Straße 18. Dort hat sie gewohnt, bis auch sie mit knapp 77 Jahren am 2. Januar 1942 gestorben ist.

Manfred aber lernte „dirigieren und komponieren, bei Herrn Staatskapellmeister Striegler …", wie er später schrieb. Gelacht habe der Herr Staatskapellmeister, hat er einmal erzählt, als er ihm zum ersten Mal auf dem Klavier vorspielte.

„Einige Wochen später wurde ich dann, nach einem traumhaft schönen Urlaub im Erzgebirge, für drei RM den Tag, zu den Fahnen geeilt. Man brauche mich für eine kurzfristige Übung, teilte man mir mit. Die dauerte dann 6 Jahre …"

Am 26.8.1939 hatte er sich bei der Nachrichten-Ersatz-Abteilung 4 in Dresden-Übigau zu melden, und das Leben bei den Soldaten gefiel ihm überhaupt nicht.

Willys Intermezzo bei der *Cigarettenfabrik Dressler* hatte unterdessen genau drei Jahre und drei Tage gedauert, dann wurde, ein Jahr vor Manfreds Abitur, auch dieser Betrieb stillgelegt.

„Wir bestätigen ihm weiterhin gern, daß er während seiner Tätigkeit jederzeit treu, ehrlich und fleißig gewesen ist, so daß wir Herrn Schlieder als umsichtigen und tüchtigen Mitarbeiter bestens empfehlen können … Wir wünschen ihm für die Zukunft alles Gute …"

Das freilich nützte ihm zunächst wenig, denn mit Ablauf des 19. März 1936 war Willy arbeitslos und eine neue Arbeitsstelle war nirgends in Sicht.

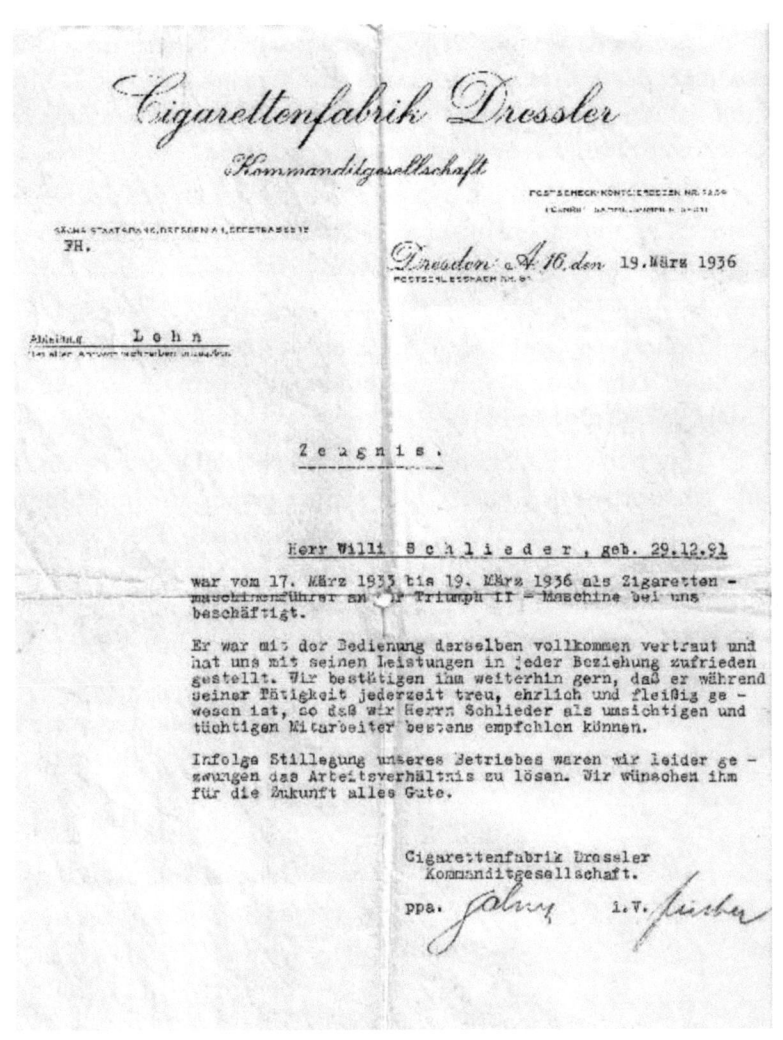

Zeugnis der Cigarettenfabrik Dressler vom 19. März 1936

Natürlich ging Willy sogleich auf Arbeitssuche, doch es sollte lange dauern, bis er wieder eine Anstellung fand: als Schreibmaschinen-Mechaniker bei *Seidel & Naumann* in Dresden-Friedrichstadt; das lag näher an ihrer Wohnung als die Cigarettenfabrik Dressler zuvor.

„Nu Frida", sagte Willy, „jetzt haste'n Schreibmaschinen-Mechaniger … Ich werde das noch machen, so lang der Manfred off der Schule is, und endweder griech ich dann was Vernünft'ches oder ich werd mer was and'res suchen müssen …"

Acht Monate lang kümmerte sich Willy nun um die Reparatur von Schreibmaschinen; eine Beschäftigung weit unter seinen Fähigkeiten, wie er fand, doch die waren bei *Seidel & Naumann* im Werk Friedrichstadt nicht gefragt.

Daher war Frida auch nicht erstaunt, als Willy ihr zu Ostern, einige Tage nach Manfreds Abiturfeier, eröffnete, dass er zum 25. Mai 1937 gekündigt habe.

„Nu hab'ch die Schnauze voll und such mir was andres. Ich gloob, ich werde mich beim *DAF* stärger engagier'n und omdrein wer'ch zum *RLB* geh'n, zum *Reichsluftschutzbund*. Der untersteht dem Reichsluftfahrtministerium, is also was Staatliches; da wird ei'm ni so ohne weiteres gekündigt und wenn'ch mich anstrenge, gann'ch was wär'n. Auserdem griech' ich da ne Dienstbegleidung. Am 1. Juni fang'ch an."

„Nu wenn de meenst", meinte Frida und stopfte weiter Socken.

AKTIENGESELLSCHAFT VORM.
SEIDEL & NAUMANN, DRESDEN

DRESDEN A 5, den 25. Mai 1937.

Abgangszeugnis

Herr   Willy Schlieder
~~Vorschrift~~

geboren am   29. Dezember 1891   in   Dresden

ist vom   18. September 1936   bis   25. Mai 1937

in der Abteilung   Schreibmaschine   unserer Fabrik

als   Mechaniker   beschäftigt gewesen.

~~Tüchtige Leistungen sind x-x nicht x-x voll x-x gewöhnt worden x~~
Der Abgang erfolgt auf eigenen Wunsch.
Er/~~Sie~~ war bis zum Abgange Mitglied unserer Betriebskrankenkasse.

Aktiengesellschaft vorm.
Seidel & Naumann
I.V.

Abgangszeugnis von Seidel & Naumann vom 25. Mai 1937

6. Mitläufer bei der NSDAP
1937 – 1945

So trat denn Willy, wie beabsichtigt, wahrscheinlich am 1.6.1937, in den *Reichsluftschutzbund (RLB)* ein und empfing wohl gleich am ersten Tag seine neue Dienstbekleidung aus graublauem Tuch mit dazugehörigem Hoheitsabzeichen am linken Unterärmel und an der Mütze.

1939 zählte der *RLB* bereits 13,5 Millionen Mitglieder; 1944 wurde er in die *NSDAP* überführt.

Für die nächsten acht Jahre gibt es keine Unterlagen über Willys weiteren Werdegang in Dresden: weder über seine Tätigkeit beim *RLB* noch über irgendwelche Aktivitäten bei der *DAF* oder deren Ableger.

Möglich, dass er als „Werkscharmann" bei einer der vielen *DAF*-Unterorganisationen, wie der NS-Gemeinschaft *Kraft durch Freude (KdF)*, dem Amt *Schönheit der Arbeit (SdA)* oder als „Blockwart" gearbeitet hat; möglich, dass er eine – vermutlich recht untergeordnete – Funktion beim Dresdener *RLB* inne hatte; wahrscheinlich, dass er parallel in beiden Organisationen zugleich gearbeitet hat, denn er war ja sowohl bei der *DAF* als auch beim *RLB* registriert ...

Tatsache ist indes, dass er wohl ab 21.09.1940 in die *NSDAP* eingetreten ist, denn – außer seiner Mitgliedschaft bei *DAF* und *RLB* – ist auch dies so im „Sühnebescheid" der Spruchkammer Miltenberg aufgeführt, die ihn mit Schreiben vom 29.09.1947 als „Mitläufer" einreihte. Über seine Beweggründe, die ihn zu diesem Schritt geführt haben, ist nichts bekannt.

Mir gegenüber hat sich Opa Willy, ebenso wenig wie Oma Frida, nie über diese Episode geäußert. Das ist verständlich, denn ich war Zeit seines Lebens und so lange ich mit meinen Eltern und Großeltern in unserem Haus in Miltenberg zusammen gelebt habe – bis Anfang 1958 – ganz sicherlich zu jung für dieses Thema.

Wenig später, am 29. März 1958, ist er dann bereits, erst 66-jährig, gestorben. Auch Vater hat sich nie zu diesem Abschnitt in

Opa Willys Leben geäußert, und die letzte Überlebende unserer Familie aus dieser Zeit, Tante Leonie, hat hierüber keine Erkenntnisse.

Gleichwohl fällt es mir schwer, in Opa Willy einen überzeugten *Nazi* zu sehen: dazu war er denn doch zu bürgerlich und auch zu religiös; das geht aus all den kirchlichen Unterlagen, die er bis zuletzt minutiös gehütet hat und auch aus seinem letzten Brief an mich, zu „Palmarum 1958", deutlich hervor. Ein evangelisches Gesangbuch mit Goldschnitt und Widmung haben mir die Großeltern zur Konfirmation geschenkt, neben dem Fahrrad mit Dreigangschaltung … Ich erinnere mich auch daran, dass er und Oma Frida, im September 1956, bei Pfarrer Breyvogel in Miltenberg das Fest der Goldenen Konfirmation feierten; für einen ehemaligen überzeugten *Nazi* wohl eher unüblich.

Möglich dennoch, dass Opa Willy nach Möglichkeiten suchte, mit der sich allmählich abzeichnenden „Karriere" seines Sohnes Manfred halbwegs mitzuhalten, denn dieser hatte nach Abitur und Arbeitsdienst ja nicht nur begonnen zu studieren; mit Beginn des Krieges hatte man ihn zur Wehrmacht eingezogen und während seiner Teilnahme am Westfeldzug bei Oosterzeele in Belgien wegen eines Entstöreinsatzes in einem Waldstück unter schwerem Feuer mit dem Eisernen Kreuz II. Klasse ausgezeichnet.

Nach Abschluss des Westfeldzuges, Ende Juni 1940, hatte er, im Zuge einer längeren Freistellung vom Dienst, sein Studium fortgeführt; drei Monate später trat Willy in die *NSDAP* ein.

Ein halbes Jahr später, denn nur so lange galt die Freistellung vom Dienst, am 22.4.1941, konnte Manfred sein Studium mit dem Staatsexamen abschließen.

Ob sich seine darauf folgende Auswahl zum Reserve-Offizieranwärter und die anschließende Offizierausbildung in Leipzig mit Willys Parteizugehörigkeit in Verbindung bringen lassen, darf wohl eher bezweifelt werden, denn dazu waren die Auswahlkriterien denn doch zu deutlich militärisch; gleichwohl kann ein möglicher Wunsch Willys nach einer eigenen Karriere, parallel zu der seines Sohnes, natürlich nicht ausgeschlossen werden.

Und dann war Manfred Leutnant!

Manfred Schlieder 1942 als Leutnant

Manfred selbst war freilich ganz sicherlich kein Nationalsozialist und nur Offizier geworden, wie er immer wieder erzählt hat, weil ihm das, nach den Erfahrungen, die er als einfacher Soldat im Westfeldzug gesammelt hatte, als die für ihn persönlich angenehmere Variante in einem Krieg erschien, der wohl – das schien ihm nach reiflicher Betrachtung klar – noch lange dauern würde …

Willy jedoch konnte da nicht mithalten; weder was seine Schulbildung betraf – Manfred war Absolvent einer elitären NAPOLA! – noch was sein erfolgreiches Studium und sein vorzügliches Klavier- und Geigenspiel anging. Und nun war sein Sohn auch noch Offizier! Er selbst hatte es beim Militär nur bis zum Unteroffizier gebracht, und im Zivilberuf war er Fahrradmechaniker … Später war er zwar noch Meister geworden, doch nun arbeitete er nur noch als einfacher Mechaniker! Dabei hätte er – als gut ausgebildeter und vielseitiger Fachmann, strebsam und fleißig wie er war – durchaus eine gewisse Karriere machen können, wenn die Umstände es nur erlaubt hätten. Diese waren aber nicht danach, so sehr er sich auch bemühte, das hatte er ja nun leidvoll erfahren ...

Was lag da näher, als es mit einer Parteikarriere zu versuchen, wenn schon der normale, bürgerliche Weg ganz offensichtlich nicht funktionierte? Willy war ohnehin anders als die meisten seiner Kollegen: An den Wochenenden las er Bücher, versuchte sich weiterzubilden und trug im übrigen Anzug und Krawatte ... Willy wollte es „zu etwas bringen", zumindest aber mithalten!

Manfred aber kam mittlerweile, kaum zum Offizier ernannt, an die Ostfront. Am 1. Februar 1942 war er Leutnant geworden und nach einer kurzen Tätigkeit als Ausbildungsoffizier in der Nachrichten-Ersatzabteilung 4 hatte er sich im Mai 1942 bei der 8. Kompanie des Armee-Nachrichtenregiments 549 zu melden. Dort ging es hoch her; man hatte Gefangene gemacht und feierte das mit viel Wodka und Pistolen-Zielschießen auf alles, was nicht niet- und nagelfest war. Als Zugführer in einer Feldfernkabel-Kompanie ist er dann mit der 6. Armee über Charkow und Bjelgorod bis kurz vor Stalingrad gekommen. Dabei hat es ihm wohl das Leben gerettet, dass er im November 1942 in den Pripjet-Sümpfen Typhus bekam, der letzten Endes in einem Lazarett in Cosel / Oberschlesien und in Garmisch-Partenkirchen auszukurieren war. Die 6. Armee wurde Ende 1942 vernichtet.

In Cosel hat er Helene (Leni) Agnes Mücke kennen gelernt, eine junge Witwe, deren Mann schon ein Jahr nach der Hochzeit, gleich zu Beginn des Russlandfeldzugs, gefallen war.

Am 4. August 1943 haben sie sich verlobt und am 18. März 1944 geheiratet.

Die kirchliche Trauung fand in Dresden-Löbtau in der Friedenskirche statt, in der schon Willy und Frida geheiratet hatten und in der Manfred getauft und konfirmiert worden war.

Willy und Frida Schlieder mit ihrer Schwiegertochter Helene an der Elbe bei Dresden im März 1944

Zur Hochzeitsfeier, zu der auch die ganze schlesische Verwandtschaft angereist war, traf man sich in Willys und Fridas Wohnung in der Gohliser Straße 18, denn da war mehr Platz als bei Helenes Eltern, Wilhelm und Martha Elis, im Landgestüt in Cosel. Außerdem hatte die Familie Elis einen Großteil der Naturalien im Gepäck, die für eine angemessene Hochzeitsfeier gebraucht wurden.

Mit den Lebensmitteln, die es auf Lebensmittelkarten zu kaufen gab, wären sie nicht weit gekommen. Da hätte auch die Sonderration, die Manfred als Urlauber bekam, nicht wirklich geholfen.

Und so buk denn Frida, unterstützt von Lenis Mutter und Schwestern, Zuckerkuchen auf großen Blechen und vor allem Eierschecke in Mengen, denn die gehörte seit jeher zu allen großen Feiern dazu.

Lebensmittelkarte, wie sie seit 1939 im Deutschen Reich in Gebrauch war

Die neue Verwandtschaft wurde bei Bekannten untergebracht und am Hochzeitstag marschierte die ganze Gesellschaft zu Fuß in die Friedenskirche, denn die war nicht weit.

Danach wurde zu Hause gefeiert. Die Musik wurde „live" und gratis geliefert, dafür sorgten schon Manfreds ehemalige Kommilitonen.

Manfred und Helene (Leni) Schlieder, verw. Mücke, geb. Elis, am Tag ihrer Hochzeit in Dresden am 18. März 1944. Eine Fotografie von Alfred Martin aus Dresden-Löbtau. Schon Willys Porträt aus dem Jahre 1910 war im Fotostudio von Otto Martin in Dresden-Löbtau entstanden.

Ein großes Fest, doch der Krieg dauerte an und daher auch Manfreds militärische Verwendungen: Das war zunächst eine Großvermittlung in Wittenberg, dann seine Stammeinheit, die Nachrichten-Ersatzabteilung 4, mittlerweile in Chemnitz. Dann ging es weiter zur Nachrichten-Ersatzabteilung 44 nach Beraun bei Prag; das war praktisch, denn diese landschaftlich reizvolle Gegend konnte sogleich als Ziel für die Hochzeitsreise im August genutzt werden.

Dann allerdings war diese Kriegsidylle beendet und es folgten abenteuerliche Einsätze auf dem Balkan, die für Manfred mit einem Einsatz als Kapellmeister im Rahmen der Truppenbetreuung an der Oper in Agram – heute Zagreb – ihren Höhepunkt und Abschluss fanden. Am 21. März 1945 leitete er dort mit dem Großen Orchester der kroatischen Staatsoper sein letztes Konzert: Josef Haydns 1. Variation des *Kaiserquartetts*, das *Meistersinger-Vorspiel* von Richard Wagner, der Chorgesang *Die Himmel rühmen* ... und der 1. Satz der *Symphonie in C-Moll* von Beethoven sowie die *Unvollendete* von Schubert.

Es folgten Etappen bis in den Raum Berlin und Rheinsberg; später geriet er mit seiner Truppe zunächst in Schwerin in amerikanische, nach seiner Flucht in Schasshagen an der Neustädter Bucht in britische Kriegsgefangenschaft, die bis Anfang August 1945 andauern sollte. Gehungert haben sie in dieser Zeit, hat er in seinem Album *Ich über mich* geschrieben: „Gehungert, gehungert, gehungert."

Auf Umwegen ist er – um der Frau eines Kriegskameraden einen Brief ihres Mannes zu überbringen – zunächst in Weilbach, kurze Zeit danach, auf einem alten Fahrrad, im nahe gelegenen Miltenberg am Main gelandet.

Der mittelalterliche Marktplatz hat ihn so fasziniert, dass er hier bleiben wollte. Deshalb hat er sich bei den dortigen amerikanischen Militärbehörden um eine Arbeitsstelle als Dolmetscher beworben und diese auch prompt erhalten.

*Blick über die Mainbrücke auf Miltenberg Anfang 1945.
Im Hintergrund die weitgehend unbebauten Wiesen und Felder beiderseits der
Oberen Walldürner Straße.*

Außer seinem Wehrmachts-Trainingsanzug und einem Essbesteck hatte er nichts bei sich.

Er muss immer noch gehungert haben in diesen Tagen, bis er in das geräumige Fachwerkhaus der Metzgerei Zöller einquartiert wurde. Dort bekam er anfangs hin und wieder eine warme Mahlzeit, bis er genug verdient hatte, sich – kärglich zwar, doch immerhin selbst – verpflegen zu können.

7. Hungerjahre in Dresden und Miltenberg 1945 – 1946

Gehungert haben in dieser Zeit ganz offensichtlich auch Willy und Frida, zumal Arbeitsplätze seit Dresdens weitgehender Zerstörung am 13./14. Februar 1945 eher rar gewesen sein müssen. Gleichwohl: Über Willys und Fridas Tätigkeit in dieser Zeit ist nichts bekannt, weder über Willys Aktivitäten bei der *DAF* noch beim *RLB* oder der *NSDAP*, noch über irgendwelche anderen Beschäftigungsverhältnisse.

Lediglich eine Fotografie, wohl aus der Mitte der 40er Jahre, zeigt Frida in Schwesterntracht des Deutschen Roten Kreuzes: ein Indiz dafür, dass Frida – wie ihr Mann – sich „einbringen" wollte? Ein, wenn auch spärliches, Dokument für eine Dienstverpflichtung? Vor oder nach Dresdens Zerstörung?

Das einzige „Zeugnis" über Willys Mitgliedschaft in der *NSDAP* ist im übrigen lediglich ein Vermerk auf dem Wohnungsmeldeschein der Stadt Dresden vom 21.09.1945, auf dessen Rückseite in kyrillischer Schrift „НСДАП" *(NSDAP)* vermerkt ist.

Wenig später ist er wohl aus der Wohnung in der Gohliser Straße 18 ausgewiesen worden, denn am 24. II. (November?) 1945 ist unter der Rubrik Wohnungswechsel aufgeführt: „Lübecker Str. bei Seidel, Edg."

Ganz sicherlich wird dabei – außer der Tatsache, dass in Dresden seit seiner Zerstörung große Wohnungsnot herrschte – seine Mitgliedschaft bei der *NSDAP* eine entscheidende Rolle gespielt haben: In einem Brief von Tante Maria aus dem Jahre 2007 zitiert sie denn auch eine Nachbarin (?), die Oma Frida (?) damals wohl sinngemäß gesagt haben soll, sie brauche sich nicht zu wundern, warum habe sie auch solch ein „Nazischwein" geheiratet …

Ganz offensichtlich war er auch arbeitslos. Seine Meldung bei der Bezirksstelle Löbtau des Arbeitsamts Dresden am 08.02.1946 wird ihm ganz sicherlich keine Arbeitsstelle beschert haben, denn am 19. April 1946 ist bereits ein Wohnungswechsel nach „Mildenberg" vermerkt. „Vorübergehend" heißt es da handschriftlich auf den Meldeformularen der Beiden, und in der Tat, am 23. April, nur vier Tage später, haben sie sich in Dresden zurückgemeldet.

Wohnungsmeldeschein Willy Schlieder vom 21.09.1945

Ein Besuch in Miltenberg bei Manfred, ganz offensichtlich. Sie müssen Verbindung miteinander aufgenommen haben und die kurze „Erkundung" diente wohl ihrem endgültigen Nachzug am 16. Juni, keine zwei Monate später. Auch der ist freilich nur als „vorübergehend" auf dem Meldeschein aufgeführt, doch sie sind nie nach Dresden zurückgekehrt.

In Miltenberg wurden die Beiden denn auch – wie zuvor schon Manfreds Ehefrau und Sohn – in einer Wohnung der Metzgerei Zöller in der Hauptstraße einquartiert. Das dürfte sie vor dem Verhungern in Dresden gerettet haben. Gustav Zöller, einer der angesehensten und wohl auch wohlhabendsten alteingesessenen Miltenberger Bürger, nagte mit seiner Familie selbst in dieser Zeit ganz sicherlich nicht am Hungertuch; die Metzgerei lief auch 1946 noch prächtig, und so gab es nun für die ganze Flüchtlingsfamilie neben einer Unterkunft auch weitgehend regelmäßig zu essen …

Manfred verfügte ja, Dank seiner Einstellung bei den amerikanischen Militärbehörden als Dolmetscher, mittlerweile wieder über ein gewisses, wenn auch geringes, Einkommen. Zusätzlich gab er Klavier- und Gesangsunterricht sowie das eine oder andere Konzert.

So wurde schon am 01. Juni 1946 im Park des *Mütterheims*, unter seiner Leitung, *Eine kleine Nachtmusik* … mit Werken von Mozart und Haydn aufgeführt: Durchführende waren neben einem großen Streich-Orchester freier Künstler eine Laien-Tanzgruppe sowie mehrere Solisten. Aufführungen wie diese trugen denn auch schnell dazu bei, seinen Etat spürbar aufzubessern, so dass er seine Familie samt seiner Eltern schlecht und recht ernähren konnte.

Durch die Einkünfte aus seinen künstlerischen Aktivitäten – und Dank seiner Beziehungen zur amerikanischen Militärverwaltung – war er überdies sogar bald in der Lage, ein Grundstück in wunderschöner Wohnlage, inmitten nahezu unberührter Natur, zunächst zu pachten und später zu kaufen: für 2,00 RM den Quadratmeter! Zunächst freilich ohne Anschluss an die Kanalisation, an Wasser- oder Stromleitungen, doch das zählte wenig, denn worauf es ankam, war zu allererst ein Dach über dem Kopf, und das möglichst vor dem Winter. So wurde, noch im Herbst 1946, ein kleines

Wohnhaus gebaut. Mit Baustoffen aus teilweise obskuren Quellen zwar, doch mit Genehmigung der US-Militärverwaltung …

Zwei Tage vor Weihnachten 1946 war Einzug und zum Weihnachtsfest schlugen Willy und Manfred einen Tannenbaum im nahe gelegenen Wald.

Für zeitweilige, wohlige Wärme sorgte, trotz des außerordentlich kalten Winters, ein Kanonenofen aus der Baubude der Firma Badhauser, die das Haus gebaut hatte, und Feuerholz wuchs im Wald. „Wenn ich Sie wär, tät ich net friere …" war Manfred eines Tages im Rathaus beschieden worden, als er um einen Holzsammelschein nachsuchte …

Dennoch: Holz lässt sich nicht essen, und so blieb die Speisekarte denn auch eher kärglich.

Gut, dass sie im Herbst reichlich Äpfel und Birnen auf den Streuobstwiesen „geerntet" hatten; die hatten sie zu Apfelmus, Apfel- und Birnenkompott verarbeitet. Auch Apfelscheiben hatten sie getrocknet und an langen Schnüren, quer durch die Küche, aufgehängt. Das half an den langen Winterabenden eine Zeitlang gegen den Hunger.

Dann war endlich auch die kalte Jahreszeit vorüber und Willy und Frida pflückten Sauerampfer, Brennesseln und Löwenzahn; das ergab einen gesunden Salat. An den Geschmack konnte man sich, wenn auch widerwillig, gewöhnen. Auf Dauer war das allerdings denn doch deutlich zu wenig und so legte sich Frida eines Tages auf ihr Sofa und verkündete matt, dass sie nun sterben werde, denn sie sei das Gras-Essen leid … Daher versuchten Willy und Frida nun ihr Glück im nahegelegenen Wenschdorf. Dort hatte der Bauer Ludwig Schüssler ein Einsehen.

Willy durfte gelegentlich auf den Feldern helfen und Frida hin und wieder etwas nähen. Als Lohn gab es eine Mahlzeit, Mehl, Eier und Speck, mitunter auch ein Brot, das die Bäuerin in ihrem Holzofen buk. Doch das konnte natürlich keine dauerhafte Lösung sein; schließlich waren die Beiden erst 45 bzw. 46 Jahre alt, also durchaus gewillt und fähig zu arbeiten, „bis die Schwarte kracht", wie Willy stets sagte.

Es gab aber keine Arbeit gegen Bezahlung, weder in Miltenberg noch auf dem Lande. Englisch sprechen konnte Willy auch nicht, so dass eine Beschäftigung bei der amerikanischen Militärverwaltung ebenfalls nicht in Frage kam. So blieb Willy nichts weiter übrig, als seine ganze Arbeitskraft auf Haus und Garten zu konzentrieren.

Opa Willy mit Enkel Harald, wohl Anfang 1947. Es muss an einem Sonntag gewesen sein, denn da trug Opa Willy immer Krawatte.

8. Es geht langsam wieder aufwärts
1947 – 1956

Im Frühjahr 1947, sobald das Wetter es zuließ, wurde denn ein Nutzgarten angelegt. Gut, dass Willy da im Gärtchen seiner Eltern in Cotta und später in Oberrathen Erfahrung gesammelt hatte, und auch Mutter Leni hatte Kenntnisse und Fertigkeiten auf diesem Gebiet, denn auch ihre Mutter hatte in Cosel auf der Oderinsel einen Gemüsegarten betrieben.

Insofern ging ihnen das alles recht leicht von der Hand. Und so wuchs denn allmählich alles heran, was nahrhaft war und die Speisekarte bereichern würde: Kartoffeln, Erbsen, Kopfsalat, Weißkohl, Rotkohl, Blumenkohl, Wirsing, Buschbohnen, Feuerbohnen, Rhabarber, Kürbisse, Melonen, Himbeeren, Erdbeeren, Johannisbeeren, Stachelbeeren, Radieschen, Möhren, Gurken, die verschiedensten Gewürze wie Dill, Petersilie, Schnittlauch, Bohnenkraut, Liebstöckel, Salbei, Pfefferminze …

Außerdem wuchsen Holunderbüsche zu Hauf an allen Ecken auf dem Grundstück, mächtige Brombeerbüsche im gesamten *Stillen Frieden*, einem weitläufigen Busch- und Wiesengelände gleich hinter dem Haus, und überall gab es Apfelbäume, selbst entlang der meisten Straßen.

Sogar mit Tabak versuchte es Willy, und da der Sommer 1947 sehr heiß war, gelang es ihm tatsächlich, einige Pflanzen heranzuziehen, später zu trocknen, zu schneiden und seinen eigenen Tabak zu erzeugen. Eine einfache Tabakschneidemaschine hat er sich in Bürgstadt, dem Nachbarort, besorgt, denn auch da lagen ausgedehnte Tabakfelder.

Später kam Kernobst dazu: Ein Apfelbäumchen, zwei Mirabellenbäume, ein Pflaumen- und ein Reineclaudenbaum, ja sogar zwei Pfirsichbäumchen und an die zehn Kirschbäume – und alle wurden veredelt –, so dass sie in den folgenden Jahren die wunderbarsten, knackigsten Kirschen lieferten, die man sich vorstellen konnte … Am oberen Ende des Grundstücks wuchs ein riesiger

Nussbaum: ob Eigentum des Nachbarn oder nicht, ist wohl nie so recht geklärt worden. Die Nüsse schmeckten jedenfalls köstlich.

Selbst weißer und blauer Wein wurde gezogen und kletterte allmählich die Hauswand empor.

Da Willy immer noch arbeitslos war, konnte er viel Zeit in die Pflege dieses Gartens investieren. Das war auch erforderlich, denn da waren Bohnengestelle zu bauen, Rankhilfen zu setzen, da war zu gießen, zu jäten, zu düngen, zu veredeln, zu verschneiden und ein Lattenzaun zu bauen, schon um die vielen Wildhasen und die Rehe abzuhalten, die sich bald an den zarten Pflanzen gütlich taten …

In einem großen Metallfass, in dem noch anlässlich des Hausbaus Zement angerührt worden war, wurde Regenwasser aufgefangen und so konnte meistens zum Nulltarif gegossen werden, wann immer erforderlich, denn der Sommer 1947 war trocken und heiß.

Später hielten Willy und Frida Hühner, der Eier wegen, und auch um hin und wieder ein Suppenhuhn zu kochen.

Da indes auch Habichte ihre Kreise immer bedrohlicher und tiefer zogen, musste das Hühnerareal durch Maschendraht nach allen Seiten abgesichert werden. Natürlich baute Willy das Gehege. Und des Abends musste man vor dem Fuchs auf der Hut sein, daher mussten die Hühner im Keller auf die „Hühnerbühne". Auch die war, selbstredend, Willys Werk.

Dann kamen Stallhasen hinzu, denn wie sonst sollte zu Ostern, zu Weihnachten oder an anderen Feiertagen Fleisch auf den Tisch kommen? Auch hierfür baute Willy den Stall, mit viel Geschick und wenig Material. Mangels irgendwelcher metallener Scharniere wurden die Türen und Fenster mit dem Leder ausrangierter Schuhe oder mit Streifen alter Gummireifen befestigt, so dass sie sich bewegen ließen, kurz: fehlendes Material wurde durch provisorische, ideenreiche Eigenkonstruktionen ersetzt.

Während Willy denn nahezu ununterbrochen im Garten werkelte, umgrub, harkte und flickte, Holz sägte und hackte, wirkte Frida in der Küche, kochte, briet, buk und putzte nach Kräften. Leni indes strickte vorwiegend Schals, Mützen, Socken, Jacken,

Röcke, ja ganze Kleider, die sie dann an Amerikanerinnen verkaufte, oft genug für kargen Lohn. Im übrigen ging sie im Sommer und im Herbst mit Manfred oder allein, je nach dessen Beschäftigungslage, in den Wald, um Heidelbeeren und Brombeeren zu pflücken, Pilze zu suchen und Bucheckern zu lesen, denn auch die konnte man, wegen ihres Ölgehalts, für ein paar Pfennige verkaufen.

Natürlich kamen auch allmählich Blumen und Ziersträucher hinzu, so dass der Garten langsam fast paradiesische Züge annahm, denn bald wuchsen auch Tulpen, Rosen, Nelken, Sonnenblumen, Wicken und Dahlien; ja selbst Gladiolen, Jasmin, Flieder und Forsythia gediehen prächtig.

Zu alledem kamen stets einige Katzen, der Mäuse wegen.

Am 27. August 1947, knapp drei Jahre nach mir, wurde Claudia geboren: eine echte Miltenbergerin.

„Der ess' ich alles weg", soll ich gesagt haben, als ich sie, an der Hand von Oma Frida, zum ersten Mal im Krankenhaus besuchte.

Dann gab es endlich auch für Willy wieder eine Arbeitsstelle: die Vereinigten Glanzstoff-Fabriken suchten für ihr Werk Obernburg am Main, etwa 25 km von Miltenberg entfernt, Facharbeiter zur Bedienung ihrer Maschinen zur Herstellung von Kunstseide. Als Weltmarktführer bei der Herstellung von Kunstfasern wie Dralon, Perlon oder Nylon sowie Polyester mit dem Markennamen *Diolen* expandierten die Glanzstoff-Werke beträchtlich und so hatte auch das Werk Obernburg, das im Krieg schwer beschädigt worden war, seine Produktion wieder aufgenommen und durch die Errichtung weiterer Produktionseinrichtungen für Polyester- und Polyamidgarne ausgebaut.

So wurde Willy nach kurzer Einarbeitung – vermutlich ab 1. Oktober 1947 – Bediener einer Maschine zur Herstellung von Kunstseide. Seine Erfahrungen beim Umgang mit Zigarettenmaschinen haben ihm dabei sicherlich geholfen.

50,00 RM pro Woche, bar ausgezahlt in einer Lohntüte, waren zwar kein üppiges Gehalt, indes besser als nichts und Grundlage für einen bescheidenen wirtschaftlichen Neuanfang.

Der freilich konnte erst beginnen, nachdem Willy die am 29. September 1947 gegen ihn verhängte Geldsühne in Höhe von 200,00 RM wegen seiner Mitgliedschaft in der *NSDAP*, der *DAF* und dem *RLB* sowie die Kosten des Spruchkammer-Verfahrens in Höhe von 149,50 RM, bezahlt hatte. Unter Vorsitz des Richters Geßner war er in die Gruppe der „Mitläufer" eingereiht worden.

Wie er die insgesamt 349,50 RM bis zum gesetzten Termin, dem 4.11.1947, aufbringen sollte, erscheint mir heute noch reichlich schleierhaft.

Ganz sicherlich hat ihm sein Sohn Manfred dabei geholfen. Dieser war nunmehr Vermögensverwalter beim Landesamt für Vermögenskontrolle in Miltenberg und insofern regulär besoldet.

Willy fuhr indes jeden Tag mit einem alten Fahrrad, das er sich notdürftig wieder hergerichtet hatte, bergab zum alten Bahnhof in Miltenberg, stellte seinen Drahtesel dort unter und nahm dann die Eisenbahn, mit der er die 25 km zum Werk der Glanzstoff AG, mit eigener Haltestelle, in etwa einer halben Stunde zurücklegte.

Abends kam er auf dem selben Weg wieder zurück, doch das dauerte deutlich länger, denn der größte Teil des gut zwei Kilometer langen Weges vom Bahnhof zum Oberen Steinigweg ging steil bergauf. Da das Fahrrad keine Gangschaltung hatte, musste er schieben. Dann machte er sich an die Gartenarbeit, bis es dunkel wurde.

An einem Abend, nach vollbrachter Gartenarbeit, lag er auf dem Sofa, und Claudia und ich durften immer wieder von seinen angewinkelten Knien herunterrutschen. Dabei erzählte er, was er bei seiner heutigen Eisenbahnfahrt erlebt habe; einen Engländer habe er getroffen, der habe ihm gesagt: „Right or wrong, my country!", worauf ein Amerikaner, die Beine auf der Sitzbank, sich auf die Brust geklopft und gesagt habe: „God's own country!" All das sprach er sicherlich falsch aus, denn Willy konnte kein Englisch.

Ich jedoch war von den fremden Lauten fasziniert. Und Opa Willy habe ich wegen seiner Englischkenntnisse bewundert.

Am 20. Juni 1948 wurde dann in den drei Westzonen Deutschlands eine Währungsreform durchgeführt, bei der die Reichsmark im Verhältnis 10 : 1 von der neu eingeführten Deutschen Mark abgelöst wurde. Erst von nun an ging es, auch für Willy, wirklich wieder allmählich aufwärts.

Manfred hatte sich unterdessen ein Klavier ausgeliehen – von Leni Wüst, der Hausdame von Frau Geisow, die das Haus *Pegasus*, gegenüber der großen Wiese neben seinem Haus, bewohnte.

Das war auch erforderlich, denn wie sonst sollten die Konzerte, Klavierabende und sonstigen musikalischen Darbietungen der verschiedensten Art vorgeübt werden?

Und so bevölkerten bald Bässe, Tenöre und Sopranistinnen das Haus und überall lagen Partituren, Libretti und Klavierauszüge herum. Manfred komponierte gar die Märchenoper *Schlaraffenland*, und es entstand der recht umfangreiche Zyklus *Mainlandschaften* für Klavier und Gesang mit Gedichten von Leni Wüst, vertont von Manfred Schlieder: Das alles wurde vor z.T. zahlreichem Publikum aufgeführt, zumeist im Konzertsaal des Alten Rathauses zu Miltenberg, mitunter auch in den Ballsälen der größeren örtlichen Hotels. Es gab ja ansonsten kaum nennenswerte Unterhaltung.

Auch das trug zum wirtschaftlichen Wiederaufstieg der Familie bei; doch der Nutzgarten sollte zunächst die eigentliche Grundlage für das wirtschaftliche Überleben der Familie bleiben. In den aber investierte Willy weiterhin seine ganze Arbeitskraft.

Manfred war inzwischen Lokalberichterstatter bei der Walldürner Zeitung geworden; das war wirtschaftlich ein kleiner Schritt voran.

Auch an anderer Stelle, wie fast überall in Deutschland, ging es aufwärts, so auch in der Stadt Miltenberg selbst.

Noch am 18. März 1945 war die Mainbrücke durch eine Sprengung zerstört worden, so dass die Verbindung zwischen den beiden Stadtteilen nur durch eine Fähre sichergestellt werden konnte. Ein abenteuerliches Unternehmen!

Im Frühjahr 1947 jedoch hatten die Arbeiten zum Neubau der Brücke – unter Verwendung der alten Pfeiler aus Miltenberger

Buntsandstein – begonnen und am 22. April 1950 konnte die neue Brücke wieder eingeweiht werden.

*Ansicht der am 28. März 1945 zerstörten Mainbrücke,
die von 1947 – 1950 wieder aufgebaut wurde*

Nicht, dass Willy vom Neubau der Brücke unmittelbar betroffen worden wäre, aber zur Einweihung gingen er und Frida doch, obwohl da ein katholischer Bischof kam.

„Nu Muddel, nu ham' mer wieder 'ne ordentliche Brügge. Ich möchte ja zu gern wissen, ob das in Dresden ooch vorangeht. Ob mer das wohl noch mal seh'n wer'n?" sagte da Willy und Frida meinte „Nu, das gloob'ch ni, aber ich werde mal der Liddy schrei'm; vielleicht kann die uns ja mal besuchen und uns erzähl'n wie's da zugeht. Awer das wird noch dauern, denn die wär'n se ja nicht fahr'n lassen. Derweile wer'mer wohl noch ä baar Bagede schiggen müssen. Ich werd glei mal anfang', ä Bagedel zu baggen. Ä

Bäggel Budder, ä Vierdel Gaffee, ä bissel Zugger und Gagao wer'mer mal wieder schiggen …"

Und so schickten sie Kaffee, Zucker und Kakao in ansehnlichen Paketen, denn solcherlei war in der damaligen DDR rar, stets mit genauer Inhaltsangabe und dem ausdrücklichen, quer über das Paket in großen Lettern geschriebenen Vermerk: „Geschenksendung, keine Handelsware!"

Liddy ihrerseits revanchierte sich und schickte Manfreds alte Spielsachen, die sie aufbewahrt hatte, dabei auch ein alter *Märklin*-Metallbaukasten, mit dem man die herrlichsten Gebilde zusammenschrauben konnte: einen Turm, einen Kran, kleine Wägelchen … Und Opa Willy hatte die Geduld, das alles zu erklären und zu helfen, wo erforderlich.

Vor Weihnachten aber schnürte Frida ein besonders großes Paket für ihre Schwester Liddy in Radebeul bei Dresden: mit Butter, Mehl, Zucker, Puderzucker, Rosinen, Zitronat … Liddy ihrerseits schuf aus allen diesen Köstlichkeiten zwei echte Dresdener Stollen, die sie dann bei einem Bäcker backen ließ. Einer war für sie und ihren Mann, Onkel Hugo, einen schickte sie Frida … So gab es in Miltenberg spätestens ab Weihnachten 1950 jedes Jahr echten Dresdener Christstollen, zumindest im Oberen Steinigweg Nr. 44a, denn so hieß Willys und Fridas Adresse in dieser Zeit.

Willy gönnte sich nun jeden Samstagabend eine Flasche *Löwenbräu*-Bier aus der Miltenberger Faust-Brauerei; das trank er aus einem echten, steinernen *Löwenbräu*-Bierkrug: ein Genuss – und besser als das „Eefachbier", das er aus seiner Dresdener Zeit in dunkler Erinnerung hatte. Dazu aß er, wie früher, Sprotten, wie sie waren, mit Kopf und Gräten. Noch lieber aber aß er Geselchtes.

Frida hingegen trank ein Glas Wein, feinen, süßen Wein von der Mosel, dann flickte sie wieder Socken oder nähte.

Jeden Morgen aber brachte Brigitte, die Tochter des Bäckers, einen Beutel frischer, knuspriger Brötchen, die sie an die Haustürklinke hängte. Das war fast besser schon als damals in Dresden! Nur, dass sie fünf Pfennige das Stück kosteten, monierte Frida mit Unmut. In Dresden hatten sie nur vier Pfennige gekostet. Allerdings gab es da zuletzt keine mehr.

*Willy und Frida mit ihren Enkeln
Harald und Claudia, etwa 1952 im Miltenberger Garten*

Einen weiteren Luxus konnte sich Willy nun gönnen: einmal pro Woche ging er zu Magne Falkum, einem hochgewachsenen, blonden Norweger, der in der Hauptstraße einen Pfeifen- und Tabakladen betrieb; dort gönnte er sich ein Päckchen Tabak für seine Pfeife, zu besonderen Gelegenheiten auch schon einmal eine

Zigarre. Außerdem betrieb Magne Falkum eine Leihbücherei. Dort lieh sich Willy regelmäßig ein Buch für eine Woche aus. Krimis zumeist und hin und wieder einen Band von Karl May. Den habe ich dann jedes Mal geradezu verschlungen.

Eines Tages brachte er mir aus der *Glanzstoff* eine lange Leine mit, wohl aus einer festen, zugleich jedoch weichen und biegsamen Kunststoff-Faser. Ein Lasso! Damit konnte ich bei den „Dauer-Karl-May-Festspielen" der vier, fünf etwa gleichaltrigen Spielkameraden punkten! Ebenso wie mit meinem hölzernen Tretroller, den er mir baute, denn mit dem war ich, dank seiner Räder, die auf Kugellagern liefen, deutlich schneller als die Roller meiner Kameraden.

Auch Dachpappennägel hat er mir eines Tages gegeben, damit ich Winnetous *Silberbüchse* nachbilden konnte: die war mit Silbernägeln beschlagen und traf immer.

Manchmal spielte Opa Willy auch ein erstaunliches Spiel mit uns Beiden, das wir allerdings sehr mochten: Opa legte einen nach dem anderen auf ein Knie, klopfte uns leicht aufs Hinterteil und sprach dabei im Rhythmus: „Eene, meene, Ofenloch, wieviel halt ich Finger hoch?" Das musste man raten, freilich nur, um zu hören:

„Falsch geraten, Schweinebraten, piff, paff, puff" – wobei er uns wieder leicht aufs Hinterteil klopfte; dann weiter: „… hätt'ste lieber vier geraten, wärste nicht geschlagen worden, piff, paff, puff …"

Riet man jedoch die Zahl richtig, hieß es wiederum:

„Gut geraten, Schweinebraten …", doch dann kam wieder: „piff, paff, puff …"

Ein einfacher Spaß, der allerdings auch den Nachbarskindern so gut gefiel, dass Opa mit ihnen „Piff, paff, puff" spielte, so klar auch war, dass man dabei nie gewinnen konnte …

Überhaupt war Opa gut zu uns Kindern: für Claudia und für mich hatte er unterhalb des Balkons, direkt nebeneinander, zwei Schaukeln angebracht. Erstaunlich insofern, dass sich beide Kinder dennoch stets auf d i e Schaukel setzen wollten, auf der gerade der andere saß …

Die Schaukeln unter dem Balkon, die Opa Willy seinen Enkeln Harald und Claudia Ende der 40er / Anfang der 50er Jahre gebaut hatte

Opa war auch stets um unsere körperliche Unversehrtheit besorgt; deshalb mochte er es gar nicht, wenn wir – beide natürlich zugleich – auf einen großen Holunderbusch, eigentlich einen Holunderbaum, kletterten. Verständlich natürlich, denn Holunderholz ist äußerst brüchig! Da Opa ein Feingeist war und zudem gerne dichtete, schenkte er uns bei Gelegenheit ein Gedicht:

„Ein Knabe und ein Mägdelein,
Er etwas größer, sie noch klein,
Die kletterten, Ihr glaubt es kaum,
Auf einen großen Hollerbaum …"

An den weiteren Verlauf des Gedichts kann ich mich nicht erinnern, nur an sein Ende, in dem es kam, wie es kommen musste, doch die Moral wurde gleich mitgeliefert:

„… der Ast jedoch er bricht …
Drum: klettert auf die Bäume nicht!"

Claudia hat ihn eines Tages gefragt, warum er denn einen so schiefen Mund habe. „Nu, da hat mir eenes Dages en Dürge mit dem Säbel drauf gehau'n im Griech!", gab Opa Willy zurück, und wir waren beeindruckt.

Manfred hingegen musste sich um seine berufliche Zukunft sorgen, denn seit der Währungsreform fanden die Musikvorstellungen immer weniger Resonanz: dazu war die anfängliche Ausstattung der potentiellen Musikliebhaber mit der neuen Währung doch zu knapp und was man hatte, wurde in den materiellen Wiederaufbau, Kleidung und Dinge des täglichen Lebens, soweit sie wieder zu haben waren, investiert.

Nachdem er die Tätigkeit als Lokalberichterstatter bei der Walldürner Zeitung durch Aufgabe des Berichterstattungsgebiets verloren hatte, bewarb er sich um einen Posten bei der US-Militärverwaltung in Hanau; ab 19. November 1951 tat er dort Dienst als „Property & Supply Clerk" – Büroangestellter in der Materialverwaltung. Das erbrachte ganze 418,00 DM pro Monat bei einer wöchentlichen Arbeitszeit von 48 Stunden. Dazu kamen, allerdings erst drei Jahre später, die Auslagen für die wöchentlichen Bahnfahrten zur Arbeitsstelle. Das war wenig genug, so dass auch Mutter auf bezahlte Arbeit angewiesen war; die Gelegenheit dazu ergab sich, als in der *Gummi-Schuh* in Hanau eine Arbeiterin gesucht wurde, die „Rändchen" schwarz strich. „Schorsch" Ehrig hat ihr die Stelle vermittelt, der Schwiegervater ihrer Schwester Maria, die es nach dem Krieg nach Hanau verschlagen hatte. Schorsch war dort Obermeister und hatte Beziehungen.

Dies alles freilich ging nur, wenn Oma Frida während der Woche auf die Kinder aufpasste …

Das tat sie denn auch gewissenhaft vier Jahre lang, tagsüber allein, mit unserer Katze, die nicht von ihrer Seite wich; am Abend trat Opa Willy dazu, half bei den Hausaufgaben und las Märchen vor, bis ihm vor Müdigkeit die Augen zufielen.

Doch anderntags stand er weit vor Dienstbeginn auf, um die Öfen anzuheizen, die Hühner von der Hühnerbühne ins Freigehege zu scheuchen und die Hasen zu füttern. Dann nahm er sein Fahrrad und fuhr wie stets zum Bahnhof und von dort zur *Glanzstoff*.

Eine Meisterstelle hat man ihm dort eines Tages angeboten; er sollte Lehrlinge ausbilden und dafür ein höheres Gehalt beziehen.

Doch Willy, nun über 60 Jahre alt, lehnte ab.

„Mit den Rotzlöffeln will ich nischt mehr zu tun ham ..." hat er seinem Chef gesagt; „... dafür bin ich nu zu alt ..."

So arbeitete Willy weiter wie gehabt, tagsüber in der *Glanzstoff*, abends und an den Wochenenden im Garten, sägte und hackte Holz, sammelte Pferdeäpfel mit der Kohlenschippe auf und brachte im Frühjahr Jauche aus der Sickergrube auf den Beeten aus, denn das Haus war noch nicht an die städtische Kanalisation angeschlossen. Das stank dann zwar stets bestialisch, muss aber geholfen haben, denn der Garten gedieh prächtig.

Mitunter musste er auch den einen oder den anderen Hasen oder Hühner schlachten, denn alle hatten Hunger und an den Festtagen gehörte nun mal ein Festbraten auf den Tisch.

Einmal musste Willy eine Gans schlachten, die Vater kurz vor Weihnachten, es muss 1953 gewesen sein, im Rucksack auf einem Motorrad heranschleppte. Fast wäre sie ausgerissen, aber zu guter Letzt landete sie doch noch auf Opa Willys Hackstock.

Ein köstlicher Braten! Bei der Zerteilung ging es streng hierarchisch zu: Opa und Vater bekamen die Keulen, die beiden Frauen die Flügel und wir Kinder, fein säuberlich abgeklaubt, das Brustfleisch.

Seitdem Manfreds Hanauer Dienststelle im Frühjahr 1954 nach Frankreich verlegt worden war, arbeitete er nun als Leiter der

Edition Section in der *Signal Division, Supply & Maintenance* beim Hauptquartier des US Northern Area Command in Frankfurt; das brachte ihm immerhin 540,00 DM monatlich ein: ein weiterer, wenn auch kleiner Schritt vorwärts.

Kurz nach Weihnachten 1954 kam „Elis-Opa" zu Besuch; auch er wollte einmal sehen, wo seine Tochter mit ihrer Familie wohnte.

Elis-Opa Wilhelm und Schlieder-Opa Willy verstanden sich prächtig, obwohl sie sich bisher nur einmal, anlässlich Manfreds und Lenis Hochzeit 1944 in Dresden, gesehen hatten. So saßen die Beiden denn da und unterhielten sich über alte Zeiten in Schlesien bzw. in Sachsen, vielleicht auch in Konstantinopel. Opa Wilhelm schmauchte an seiner Pfeife, Opa Willy an seiner Zigarre. Es war viel Rauch im Haus in diesen Tagen.

Manfred arbeitete unterdessen zusätzlich am Abend im amerikanischen Offizierclub als „Bar-Tender", mixte Drinks und zapfte Bier, um seinen Etat aufzubessern. Bis 02.00 Uhr morgens ging das regelmäßig und um 08.00 war wieder Dienstbeginn.

Doch dann musste Mutter Leni aufhören, Rändchen zu streichen.

Claudia war urplötzlich krank geworden – und Oma Frida hatte, aufgrund eines Missverständnisses – angenommen, dies sei lebensbedrohlich, so dass sie völlig entnervt darum bat, dass sich Mutter wieder selber um die Kinder kümmerte.

So war es denn auch, doch damit fiel ein Zubrot weg und auf Dauer konnte Manfred nicht tagsüber u n d nachts arbeiten.

Da ergab es sich, dass der Aufbau einer neuen Armee in Deutschland ins Gespräch kam, *Bundesheer* sollte sie heißen. Man suche dringend Offiziere; diese hätten glänzende Karriereaussichten.

Schon einmal hatte sich Manfred beworben, als 1953 die *Europäische Verteidigungs-Gemeinschaft* propagiert wurde, doch daraus war nichts geworden, denn die französische Nationalversammlung hatte die *Pariser Verträge* am 30. August 1954 nicht ratifiziert.

Doch nun stand die Wiederbewaffnung Deutschlands wieder auf der Tagesordnung, und so bewarb sich Manfred erneut. Und tatsächlich: *der Beauftragte des Bundeskanzlers für die mit der Vermehrung der Alliierten Truppen zusammenhängenden Fragen* im Bundeskanzleramt war an ihm interessiert.

So trat Manfred zum zweiten Mal in seinem Leben, am 11. September 1956, dieses Mal vorwiegend aus wirtschaftlichen Gründen und als Oberleutnant, in eine deutsche Armee ein. Nach einer Eignungsübung wurde er mit Wirkung vom 7. Februar 1957 durch den damaligen Verteidigungsminister, Franz-Josef Strauß, in das Dienstverhältnis eines Berufssoldaten übernommen.

Damit war Manfreds weiterer Werdegang gesichert.

Wenig später, schon am 18. Mai 1957, folgte die Beförderung zum Hauptmann und die Familie zog Anfang Januar 1958 zunächst nach Altstädten im Allgäu, wenig später nach Sonthofen, um.

Willy und Frida bewohnten nun das ganze Haus „Im Steinig 44a", denn der „Obere Steinigweg" war umbenannt worden, allein mit ihrer Katze.

Opa Willy und Oma Frida zu Weihnachten 1956

Kurz zuvor, im September 1956, hatten sie noch bei Pfarrer Emil Breyvogel in der evangelischen Kirche in Miltenberg gemeinsam ihre Goldene Konfirmation gefeiert.

„Herr, bleibe bei uns, denn es will Abend werden, und der Tag hat sich geneigt", (Lukas 24, 29) heißt es auf ihren Erinnerungsurkunden, und als persönlichen Spruch hat ihm Pfarrer Breyvogel geschrieben:

„Weise mir Herr, Deinen Weg, dass ich wandle in Deiner Wahrheit!", (Psalm 86, 11).

Auch für Frida gab es einen Leitspruch mit auf ihren weiteren Lebensweg:

„Du leitest mich nach Deinem Rat und nimmst mich endlich mit Ehren an.", (Psalm 73, 24).

Sie haben oft darüber zu Hause gesprochen und glaubten beide ganz fest an ein Weiterleben nach dem Tod.

Von einem Gespräch mit ihrer Schwiegermutter, in dem es um dieses Thema ging, hat Oma Frida sogar schriftlich berichtet: Anlässlich eines abendlichen Gesprächs am Waldrand in Oberrathen hat ihr ihre Schwiegermutter gesagt, dass sie ihr, wenn sie einmal gestorben wäre, ein Zeichen senden würde: ein Zeichen in Gestalt einer Blume.

Zwei Mal hat sie ihr wohl eine Blume blühen lassen: einmal an einem Muttertag noch in Dresden und einmal in Miltenberg, als sie fast verhungert war, mitten im Winter.

9. Die letzte Zeit als Rentner
1957 – 1958

Willy war unterdessen mit Ablauf des Jahres 1956, nunmehr 65-jährig, in den Ruhestand verabschiedet worden, doch es sollte bis zum 1. September 1957, fast ein dreiviertel Jahr, dauern, bis er seine monatliche Rente – karge 345,00 DM – auch tatsächlich erhielt. Gut, dass es da einen Nutzgarten gab und noch viel Eingemachtes im Keller stand. Auch Holz zum Heizen gab es genug, und Kohlen und Briketts, geliefert von der Kohlenhandlung Zeller, waren mittlerweile auch im Keller.

Eines Tages aber, Mitte 1957, spürte Willy ein Ziehen am linken Bein, das immer stärker wurde und mehr und mehr schmerzte. „Alles Folgen schwerer körperlicher Arbeit …", meinte der Arzt und verschrieb schmerzmildernde Salben.

Da die Schmerzen nicht nachließen, wiederholten sich die Arztbesuche und nun meinte der Arzt, das sei wohl Rheuma; geröntgt wurde er nie. Auf den Gedanken, hier könne ein Splitter des Schrapnells, das ihn im Ersten Weltkrieg verwundet hatte, gewandert sein, kam er wohl nicht. Der Amtsarzt schließlich befürwortete eine Kur und so verbrachte Willy vier Wochen in einer Kurklinik in Bad Abbach. Das tat sicherlich gut, doch genutzt hat es nichts.

Anfang 1958 wurden die Schmerzen so schlimm, dass er zu guter Letzt in die Universitätsklinik Würzburg eingeliefert wurde. Der wahre Grund seiner Schmerzen ist nie gefunden worden. In Würzburg hat ihn Manfred, von Sonthofen/Allgäu aus, Ende Februar 1958 noch einmal besucht; kurze Zeit darauf wurde Willy nach Hause entlassen.

Am 29. März 1958 ist er zu Hause gestorben.

Seinen Brief zu meiner Konfirmation am 30. März 1958 und die Widmung im Gesangbuch, das mir die Großeltern geschenkt haben, hat er vordatiert: Palmarum, den 30. März, hat er nicht mehr erlebt.

Auf dem Fahrrad, das er mir zur Konfirmation geschenkt hat, hat er mich nie fahren sehen.

Oma Fridas Trostgedicht, das sie nach Opa Willys Tod am Wohnzimmerfenster stehen hatte

Oma Frida war untröstlich, denn sie hat ihren „Vatel" wohl sehr geliebt, das belegen Briefe aus Willys Zeit im Krankenhaus.

Auch wirtschaftlich begann nun, wieder einmal, eine schwere Zeit.

Ganze 50,00 DM hat man ihr ab 1. März 1957 monatlich als Altersruhegeld aus ihren verschiedenen Beschäftigungsverhältnissen seit 1907 bewilligt; erst ab 1. August 1958 – anderthalb Jahre später – erhielt sie zusätzlich 217,50 DM monatlich als Witwenrente.

Im Frühjahr 1959 hat sie uns noch einmal in Sonthofen besucht. Ein weiteres Jahr später, anlässlich eines Besuchs bei ihrer Schwester Liddy in Radebeul bei Dresden, ist sie nach kurzer, schwerer Krankheit am 7. Juni 1960 gestorben.

Unseren Umzug nach Paris hat sie nicht mehr erlebt.

10. Epilog: Ein halbes Jahrhundert später

In jüngster Zeit habe ich immer wieder nachgedacht über meinen Großvater, Richard Willy Schlieder.

Anfangs weniger, denn da war ich zu sehr mit mir selbst beschäftigt. Später hatte ich mich um meinen Beruf und meine Familie zu kümmern; doch seit ich selbst wieder in dem Haus wohne, in dem Opa Willy seine letzten Jahre und Tage verbracht hat, seitdem ich selbst „seinen" Garten beackere, der längst kein Nutzgarten mehr ist, muss ich fast tagtäglich an ihn denken.

Ich frage mich dann, was er wohl sagen würde, wenn er all dies sähe, was sich seitdem getan hat, in „seinem" Haus und „seinem" Garten, in „seinen" zwei Städten Dresden und Miltenberg, denn nur diese hat er wirklich erlebt.

Miltenberg ist auch für mich in den letzten fünfundsechzig Jahren immer wieder Lebensmittelpunkt gewesen. Nach unserem Wegzug 1958 war ich sporadisch, später häufiger in diesem beschaulichen Städtchen. Hier habe ich auch 1978 geheiratet.

Seit acht Jahre bin ich mit meiner Frau wieder Miltenberger Bürger.

Dresden habe ich seitdem mehrfach besucht; das erste Mal 1991, als ich im Zuge der Wiedervereinigung in Potsdam Dienst tat. Danach bin ich ein paar Mal dort gewesen: zuerst als Tourist, danach, um endlich einmal die „Gohliser Straße 18" und das „Wettiner Gymnasium" zu sehen, wovon ich schon so viel gehört hatte; und endlich, um mich in Cotta und Löbtau umzusehen, denn nur so konnte ich es wagen, Opa Willys Lebensweg, so authentisch wie möglich, nachzuzeichnen.

Einiges bleibt nach wie vor im Dunkeln: so vor allem seine Zeit zwischen 1937 und 1945, worüber keine Unterlagen vorliegen. Anderes ist mir durch intensives Studium der vorhandenen Dokumente, deren Wichtigste ich abgebildet habe, durch Recherchen im Internet und bei den Kirchenämtern sowie durch persönliche Besichtigung der Örtlichkeiten klarer geworden.

Bei all dem sind indes wahrscheinlich die persönlichen Erinnerungen das Wichtigste; die Erinnerungen an einen einfachen, zutiefst gläubigen, gutmütigen, fleißigen und hilfsbereiten Mann aus dem Volk, der stets hart gearbeitet und alles daran gesetzt hat, weiter zu kommen, um sich und seine Familie über Wasser zu halten und seinem Sohn und später uns zu helfen. Ein Mann, der aber auch gespürt haben muss, dass seinem Drang nach „Höherem" Grenzen gesetzt waren; durch eine bessere Schulbildung – die ihm auf Grund der Umstände verwehrt war – hätte er deutlich mehr erreichen können.

Richard Willy Schlieder hat sich, in einfachsten Verhältnissen geboren, aus eigener Kraft im Rahmen des ihm Möglichen empor gearbeitet. Dabei hat er drei Mal alles verloren: einmal durch die Inflation nach dem Ersten Weltkrieg, zum zweiten Mal durch den Verlust seiner materiellen Existenz und seiner Heimat, hervorgerufen durch den Zweiten Weltkrieg, zum dritten Mal – wahrscheinlich – durch die Spätfolge einer Verwundung wiederum aus dem Ersten Weltkrieg.

Dennoch wurde er immer wieder zur Kasse gebeten: einmal aufgrund der Sühne, die er nach dem Krieg als Mitläufer zu zahlen hatte, dann durch die damalige soziale Gesetzgebung, denn die kärgliche Rente, die man ihm nach 50 Jahren harter Arbeit – mit reichlicher Verspätung – dann endlich zahlte, erscheint mir heute noch als Hohn.

Vor Kurzem ist er mir im Traum erschienen.

Wie immer hat er ausgesehen, nur sein Sächsisch war kaum noch wahrzunehmen; irgendwie war er ganz nah, gleichzeitig aber ganz weit weg.

„Nu he", hat er gesagt wie damals, „wie schön Ihr's habt heute! Und so warm ist es hier im Hause! Aber ich sehe ja gar keinen Ofen ... Habt Ihr etwa eine Zentralheizung? Ist es deshalb in allen Zimmern so schön warm? Wir waren schon froh, wenn es wenigstens in e i n e m Raum warm war damals! Und rund um die Uhr habt Ihr warmes Wasser? Muss das denn sein? Verbraucht Ihr da nicht eine Unmenge Holz, Kohle, Gas oder Heizöl? Ist das nicht eine maßlose Verschwendung?

Und warum gibt's denn keine Kinder mehr hier oben auf dem Berg? Als Du klein warst, habe ich mal 23 Kinder gezählt! Heute laufen hier nur noch zwei Mädchen und ein Junge herum … Wie soll denn das auf Dauer funktionieren? Wer soll denn mal Eure Rente zahlen?

Und die Mädel tragen Nietenhosen! Warum tragen die denn keine Röcke, wie sich das gehört?

Und ist es wahr, dass heute jeder auf die Höhere Schule gehen kann? Sind die Kinder denn heute so viel klüger als wir damals? Und ganz ohne Schulgeld? Irgendeiner muss das doch bezahlen! Hat der Staat denn so viel Geld heute?

Und ist das wirklich Euer Auto, der Riesenschlitten da in der Garage?

So etwas hätte ich auch gerne mal gehabt; mir hätte aber schon ein ganz kleines Auto gereicht! Braucht Ihr das denn wirklich?

Und Eure große Tochter, die Barbara, wohnt jetzt in Amerika? Wie kommt sie denn da hin? Dann ist Euer Schwiegersohn wohl gar Amerikaner? Spricht sie denn da auch Amerikanisch? Hat sie das womöglich studiert? Und ist dann etwa ausgewandert? Hat ihr denn unser schönes Land nicht mehr gefallen?

Und die Kleene, die Sylvia, hat die wohl auch studiert? Kunstgeschichte etwa? Ich habe gehört, sie soll Bilder verkaufen, in einer Kunstgalerie: für 20.000 Euro das Stück oder noch mehr? Woher haben denn die Leute so viel Geld? Ist das nicht maßlos?

Und was ist das denn überhaupt für eine seltsame Währung? Habt Ihr denn keine Mark mehr? Die gehört doch wohl zu unserem Land! Wie soll denn das funktionieren? Eine Währung für ganz Europa? Da ist doch jedes Land anders … Gehört da etwa auch die Türkei mit dazu?

1928 soll unter *Atatürk* da unten das lateinische Alphabet eingeführt worden sein, habe ich gehört. Wenn sie das zu meiner Zeit in Konstantinopel gehabt hätten, hätte ich wenigstens die vielen Schilder lesen können; damals waren das für uns nur unleserliche Schnörkel.

Aber deswegen sind die Türken, so freundlich sie auch sind, doch noch lange keine Europäer!

Und Du sitzt den ganzen Tag an diesem Computer … Könnt Ihr denn keine Briefe mehr von Hand schreiben?

Und die Leute gehen kaum noch zur Wahl? Wissen die denn nicht, wie wichtig es ist, dass man seine eigene Meinung sagt und bei Wahlen auch zum Ausdruck bringt? Wir wären froh gewesen damals, wenn wir das gekonnt hätten … Wahrscheinlich wäre uns dann viel erspart geblieben …

Und was ist denn aus unserem schönen Dresden geworden? Als wir Mitte 1946 dort weg gezogen sind, war die ganze Stadt ein riesiges Ruinenfeld! Die Prager Straße war nur noch ein Trümmerhaufen, die Frauenkirche war Schutt; sogar die Tiere im Zoo im Großen Garten sind zum größten Teil verbrannt … Wir haben Glück gehabt, damals, uns ist Gott sei Dank nichts weiter passiert, doch rings umher ist alles verbrannt … Ist das denn alles wirklich wieder aufgebaut? Sogar die Frauenkirche? Steht denn die Heilandskirche in Cotta noch? Und die Friedenskirche in Löbtau? Wir sind doch da getauft worden und konfirmiert, und später haben wir da geheiratet …

Was ich aber überhaupt nicht verstehe: warum sind denn die meisten Kirchen hier fast leer am Sonntag? Glauben denn die Leute gar nicht mehr an den lieben Gott? Ob das auf Dauer gut geht?

Und was ist denn hier aus unserem Garten geworden? Schön habt Ihr es ja, mit den vielen Blumen, aber wo ist denn das Gemüse? Und die Obstbäume, die wir mal hatten? Die Erdbeerbeete? Und das Kartoffelfeld? Ob Ihr das alles nicht eines Tages wieder mal braucht?

Und im Winter esst Ihr Melonen? Und Artischocken? Und Erdbeeren? Wo kommen die denn her? Muss das nicht teuer sein, die hierher zu transportieren?

Können denn die Leute nicht das essen, was man bei uns, je nach Jahreszeit, gerade erntet?

Und dass es uns mal gegeben hat, habt Ihr das etwa schon vergessen? Wie dreckig es uns gegangen ist, wie oft wir arbeitslos waren und mit wie wenig wir ausgekommen sind die ganzen Jahre?

Und wie schön es war, damals, als wir alle noch richtiges Deutsch gesprochen haben, ohne diese Fremdwörter, die man ja überhaupt nicht mehr versteht ... Wellness, Handy und Service Point ... Kann man das denn nicht auch auf Deutsch sagen?

Und wo sind denn die Brötchen, die jeden Morgen an der Haustürklinke hingen? Der Brigitte habe ich manchmal 10 Pfennige fürs Bringen gegeben ... Das reicht wohl nicht mehr aus, heute? Nu he, bei uns hat's immer geheißen: ‚Wer den Pfennig nicht ehrt, ist des Talers nicht wert ...' Gilt das heute etwa auch nicht mehr?"

Dann war Opa Willy weg auf einmal, irgendwie verschwunden ... Aber jedes Mal, wenn ich nach Dresden komme, wo er zur Schule gegangen ist, wo er konfirmiert wurde, geheiratet hat, Zigarettenmaschinen bedient und Fahrräder gebaut hat, immer wenn ich in Miltenberg an der ehemaligen Metzgerei Zöller vorbeikomme, in dem er die erste Zeit nach dem Krieg gelebt hat, wenn ich am alten Bahnhof vorbei fahre, wo er jahrelang sein Fahrrad abgestellt hat, um von da aus nach Obernburg in die „Glanzstoff" zu fahren, wenn ich in den Wald gehe, um – wie er damals – Pilze zu suchen und Holz zu holen, wenn ich in Wenschdorf, wo ihn der Bauer Schüssler wohl vor dem Verhungern bewahrt hat, spazieren gehe, wenn ich in unserem Garten Sträucher verschneide und Unkraut jäte, wenn ich den Rasen mähe – elektrisch, nicht mit der Sichel oder der Sense, wie er früher –, wenn ich die Brötchen hole, die heute nicht mehr jeden Morgen an der Haustürklinke hängen, ist er wieder da, ganz kurz nur, wie mir scheint, doch vielleicht auch die ganze Zeit über, nur, dass er sich dann nicht zeigt.

Er sieht das alles, ohne Zweifel, sonst hätte er mir ja nicht so viele Fragen gestellt, im Traum letztens.

Doch ob das alles für ihn richtig ist und Sinn macht, was wir hier treiben, weiß ich nicht. Seitdem er mir all die Fragen gestellt hat, jüngst im Traum, weiß ich das manchmal selbst nicht mehr.

Nachweis der Abbildungen

- Titelbild und S. 51: Portraitfoto von Willy Schlieder, aufgenommen im Atelier Otto Martin, Dresden-Löbtau, 1911. Im Familienbesitz.
- Bild des Autors in Titelei: Bärbel Schlieder, 2008.
- S. 14: *Die Rübezahlschule* in Dresden-Cotta, aufgenommen durch den Autor 2011.
- S. 17: *Rathausturm* in Dresden-Cotta, aufgenommen durch den Autor 2011.
- S. 21: die Abbildung/Widmung ist im Buchpreis der Stadt Dresden abgedruckt: *Schillers Werke in Auswahl*, Dresden 1905, Verlag von Alexander Köhler. Im Familienbesitz.
- S. 24: Schulentlassungszeugnis für Richard Willy Schlieder vom 7. April 1906. Im Familienbesitz.
- S. 25: Konfirmationsschein Richard Willy Schlieder vom 13. April 1906. Im Familienbesitz.
- S. 35: Zeugnis von C.E. Kühne, Dresden-Cotta, für Willy Schlieder vom 1.4.1910. Im Familienbesitz.
- S. 45: *Monogramm* von Frida Nitzsche 1910. Fotografie des Autors 2012.
- S. 56: *Blick auf Konstantinopel* ca. 1910/1911. Postkarte im Familienbesitz.
- S. 57: *Blick von der Marienbrücke* auf die Dresdner Altstadt um 1911. Postkarte im Familienbesitz.
- S. 58: *Pirnaischer Platz* in Dresden um 1912. Postkarte im Familienbesitz.
- S. 59: Der *Fürstenzug* in der Augustusstraße, Dresden um 1912. Postkarte im Familienbesitz.
- S. 60: Bertha Franziska und Ernst Paul Schlieder anlässlich ihrer Silbernen Hochzeit am 30.5.1912: Im Familienbesitz.

- S. 62: *Kupferstich eines Landschaftsidylls* im Plauenschen Grund von C.G. Hammer 1815. Dem Heimatbuch *Plauenscher Grund*, S.19, Sachsenverlag Dresden, 1950, entnommen.
- S. 69: *Wilhelm II., Deutscher Kaiser*, zum 25-jährigen Regierungsjubiläum am 16.Juni 1913. Dem Sonderheft der *Woche*: *Festliche Tage im Kaiserhause* entnommen. Verlag August Scherl, Berlin 1913.
- S. 70: *Kaserne des Königl. Sächsischen 1. (Leib-) Grenadier-Regiments Nr. 100* in der Carolaallee, um 1899: zeitgenössische Postkarte, im Familienbesitz.
- S. 72: Reichsbanknote *Eintausend Mark* aus dem Jahr 1910; im Familienbesitz. Gescannt durch den Autor 2012.
- S. 74: *Zigarettenstrang-Maschinensaal*; Foto von Franz Rompel, Altona, im Museum der Arbeit, Hamburg. Genehmigung zum Abdruck wurde am 17.2.2012 erteilt.
- S. 75: Das Werbeplakat der *Zigarettenfabrik Yenidze*, Dresden, für Salem Gold, 1913, ist abgedruckt im Sonderheft der *Woche*: *Festliche Tage im Kaiserhause*. Verlag August Scherl, Berlin, 1913.
- S. 84: Trauschein für Richard Willy Schlieder und Frida Nitzsche vom 21.7.1917. Im Familienbesitz.
- S. 86: Hochzeitsfotografie Richard Willy Schlieder und Frida Schlieder, geb. Nitzsche vom 21.7.1917 aufgenommen im Atelier Otto Martin, Dresden-Löbtau, 1917. Im Familienbesitz.
- S. 90: Geburtsurkunde William Manfred Schlieder, ausgestellt in Dresden am 29.10.1928. Im Familienbesitz.
- S. 92: Sterbeurkunde Moritz Wilhelm Nitzsche ausgestellt in Dresden am 2.1.1919. Im Familienbesitz.
- S. 93: Willy und Frida Schlieder mit ihrem Sohn Manfred Anfang 1919. Im Familienbesitz.
- S. 95: Zeugnis vom 30.4.1919 ausgestellt von *Eckstein & Söhne*, Dresden. Im Familienbesitz.

- S. 97: Zeugnis vom 6.3.1920 der *Zigarettenfabrik Avramikos*, Hamburg. Im Familienbesitz.
- S. 99: Zeugnis vom 17.9.1921 der *Compagnie Laferme*, Dresden. Im Familienbesitz.
- S. 101: Zeugnis vom 29.08.1924 der *Zigaretten- und Tabakfabrik Jean Vouris*, Dresden. Im Familienbesitz.
- S. 103: Zeugnis vom 4.2.1925 der *Lauterberg Cigarettenfabriken*, Karlsruhe. Im Familienbesitz.
- S. 105: Willy mit Sohn Manfred auf ... selbstgebauten Fahrrädern...Frühjahr 1925. Fotografie im Familienbesitz.
- S. 107: *Gymnasium Wettinianum* am Seidnitzer Platz, heute Wettiner Platz, Dresden. Fotografie des Autors 2011.
- S. 108: Manfreds Schulklasse auf dem Segler *Adler* im Sommer 1929 ... Im Familienbesitz.
- S. 109: Dresden-Löbtau, Gohliser Straße 18. Fotografie des Autors 2011.
- S. 111: Wappenteller des *Gymnasiums Wettinianum* in Dresden, 1929 im Familienbesitz. Fotografie des Autors 2012.
- S. 114: Zeugnis vom 12.10.1932 der *Reemtsma Cigarettenfabriken*, Dresden. Im Familienbesitz.
- S. 115: Vier-Pfennig-Münze aus dem Jahr 1932. Fotografie des Autors 2012.
- S. 125 Zeugnis vom 19.3.1936 der *Cigarettenfabrik Dressler*, Dresden. Im Familienbesitz.
- S. 127: Abgangszeugnis vom 25.5.1937 der Aktiengesellschaft vorm. *Seidel & Naumann*, Dresden. Im Familienbesitz.
- S. 130: Manfred Schlieder 1942 als Leutnant. Fotografie im Familienbesitz.
- S. 132: Willy und Frida Schlieder mit ihrer Schwiegertochter Helene ... im März 1944. Fotografie im Familienbesitz.

- S. 133: Teil einer Lebensmittelkarte für Urlauber, Deutsches Reich 1939. Fotografie des Autors 2012. Im Familienbesitz.
- S. 134: Manfred und Helene Schlieder ... am Tag ihrer Hochzeit in Dresden ... 1944. Aufgenommen im Atelier von Alfred Martin, Dresden-Löbtau 1944. Im Familienbesitz.
- S. 136: Blick über die Mainbrücke auf Miltenberg Anfang 1945. Postkarte im Familienbesitz.
- S. 138: Wohnungsmeldeschein Willy Schlieder, Dresden, vom 21.9.1945. Im Familienbesitz.
- S. 141: Opa Willy mit Enkel Harald, ... 1947. Fotografie von Manfred Schlieder. Im Familienbesitz.
- S. 147: Ansicht der am 28. März 1945 zerstörten Mainbrücke von ca. 1946 / 1947. Im Nachlass der Familie Bertram, Miltenberg; dem Autor überlassen 2010.
- S. 149: Die Großeltern ... etwa 1952 im Miltenberger Garten. Fotografie von Manfred Schlieder. Im Familienbesitz.
- S. 151: Die Schaukeln unter dem Balkon, die Opa Willy seinen Enkeln gebaut hatte. Fotografie von Manfred Schlieder. Im Familienbesitz.
- S. 155: Opa Willy und Oma Frida ... 1956. Fotografie von Manfred Schlieder. Im Familienbesitz.
- S. 157: Erinnerungsblatt anl. der Goldenen Konfirmation von Willy Schlieder am 23.9.1956, ausgestellt durch Pfarrer Emil Breyvogel in Miltenberg. Gescannt durch den Autor. Im Familienbesitz.
- S. 159: Todesanzeige Willy Schlieder vom 29.3.1958, abgedruckt im *Boten vom Untermain*. Gescannt durch den Autor. Im Familienbesitz.
- S. 159: Omas *Trostgedicht*. Gescannt durch den Autor 2012. Im Familienbesitz.

Weitere Bücher von Harald Volkmar Schlieder:

Mein Sommerwind …
Gedichte und Bilder
1buch.com
Wissenmedia-Verlag, Gütersloh 2009

Geschichten vom Drachen
Ein Märchenbuch für Erwachsene …
ISBN 978-3-86991-069-7
Edition Octopus
Verlagshaus Monsenstein & Vannerdat, Münster 2010

Ich muss euch sagen es weihnachtet sehr …
Advents- und Weihnachtsgeschichten aus der Kindheit
ISBN 978-3-86991-247-9
Edition Octopus
Verlagshaus Monsenstein & Vannerdat, Münster 2011

Blick von der Haagsaussicht
Gedanken in und um Miltenberg am Main
ISBN 978-3-86991-574-6
Edition Octopus
Verlagshaus Monsenstein & Vannerdat, Münster 2012

Kommando zurück!
Erinnerungen
ISBN 978-3-937885-49-0
Carola Hartmann MILES-Verlag, Berlin 2012

Carola Hartmann Miles-Verlag

Politik, Gesellschaft, Militär

Uwe Hartmann, *Innere Führung. Erfolge und Defizite der Führungsphilosophie für die Bundeswehr,* Berlin 2007.

Peter Heinze, *Bundeswehr „erobert" Deutschlands Osten,* Berlin 2010.

Dieter E. Kilian, *Politik und Militär in Deutschland. Die Bundespräsidenten und Bundeskanzler und ihre Beziehung zu Soldatentum und Bundeswehr,* Berlin 2011.

Hans-Christian Beck, Christian Singer (Hrsg.), *Entscheiden – Führen – Verantworten. Soldatsein im 21. Jahrhundert,* Berlin 2011.

Dieter E. Kilian, *Adenauers vergessener Retter – Major Fritz Schliebusch,* Berlin 2011.

Reiner Pommerin (Hrsg.), *Clausewitz goes global,* Berlin 2011

Einsatzerfahrungen

Kay Kuhlen, *Um des lieben Friedens willen. Als Peacekeeper im Kosovo,* Eschede 2009.

Sascha Brinkmann, Joachim Hoppe (Hrsg.), *Generation Einsatz, Fallschirmjäger berichten ihre Erfahrungen aus Afghanistan,* Berlin 2010.

Schwitalla, Artur, *Afghanistan, jetzt weiß ich erst… Gedanken aus meiner Zeit als Kommandeur des Provincial Reconstruction Team FEYZABAD,* Berlin 2010.

Romane

Christoph Karich, *Bewährung im Grünen Meer,* Berlin 2009.
Robert B. Thiele, *Die Treuhänderin,* Berlin 2012.

Erinnerungen

Blue Braun, *Erinnerungen an die Marine 1956-1996,* Berlin 2012.
Harald Volkmar Schlieder, *Kommando zurück!,* Berlin 2012.

www.miles-verlag.jimdo.com